现代服务管理研究丛书

本书的出版得到广东财经大学院士专家工作站现代服务管理学科点建设资金和广东省教育厅普通高校青年创新人才项目（2019KQNCX036）资助。

SHENGTAI CUIRUOQU GUOJIA
GONGYUAN LÜYOU YU ZIRAN
ZIYUAN XIETIAO FAZHAN YANJIU

生态脆弱区国家公园旅游
与自然资源协调发展研究

曹　乐 ◎著

中国财经出版传媒集团
经济科学出版社
Economic Science Press
·北京·

前言

　　自然资源是人类赖以生存和繁衍的根本，具有生产和养育功能、承载和生态功能。纵观人类文明发展史，人类社会经济发展与自然生态环境始终有着密切的联系。作为当今世界的两个重要词汇——保护和发展，前者经历了多年的演变，从堡垒原则到新自由主义保护；而后者则促进了全球可持续发展的理念。如同怀疑与相信、哲学与神论、理性与信仰，保护和发展之间既存在矛盾冲突又相辅相成，但维持两者的平衡却并非易事。

　　对自然万物的认知观念是衡量一个社会生态文明进步的尺度。20 世纪初，西方学者开始意识到人类的社会经济活动正在影响人类的生存环境。雷切尔·卡森（Rachel Carson）和肯尼斯·博尔丁（Kenneth E. Boulding）都主张为实现人类社会与自然环境的和谐共处，需要人们从长远的角度思考资源利用和经济增长。他们的言论对现代环境保护运动、生态学、可持续发展理论和环境经济学等产生了深远的影响。卡森在其著作《寂静的春天》（*Silent Spring*）中揭示了农药对鸟类、昆虫和其他野生动物乃至整个生态系统的危害，及其对人类健康的潜在影响，并指明人类对自然环境的过度干预所带来的严重后果，呼吁人们要重新审视农药的使用，并提倡更加环保和可持续的农业实践（Carson，1962）。这本书的影响延续至今，被认为是现代环境保护运动的起点之一，促使政府和公众关注环境问题，也直接导致美国及其他国家一系列环境法律法规的制定，如《清洁空气法》和《清洁水法》等。博尔丁因提出"宇宙飞船经济学"概念及推动循环经济在可持续发展领域的应用而被广泛熟知。他强调地球的资源并非取之不竭，而是像宇宙飞船上的资源一样有限。传统的"牛顿型经济"假设下的增长模式已经不再适用现今社会，而是应该转向一种更加持续和环保的"宇宙飞船经济"模式，在有限的地球资源下，人类经济活动必须遵循自然规律，采取资源循环利用、能源替代和环境保护等措施，将自然资源的消耗和产出控制在可持续的范围内，以确保地球上的经济活动能够长期持续地发展（Boulding，1966）。

旅游业是全球社会经济进步的关键驱动力。旅游是世界上增长最快的行业之一，也是许多发展中国家外汇收入和就业的主要来源，且越来越以自然生态环境为主。旅游需求的增加是由于经济的快速增长、人们闲暇时间的增加、旅游休闲意识的改变及旅游相关产业的复合和发展所导致的（牛亚菲，1996）。随着全球环境问题意识的增强，在《世界遗产公约》《拉姆萨尔公约》等国际条约框架下的自然保护区工作取得了长足发展，国家公园、世界遗产等资源保护型旅游景区受到众多民众的青睐。为吸引游客，在这些旅游景区会重点发展被冠以"生态""绿色""负责任""有环保意识"的旅游类型。

国家公园是国际上公认解决自然保护与经济发展矛盾的最好模式之一。国家公园同时也被看作弘扬民族文化认同信息的重要载体。国家公园的概念最早是由美国艺术家乔治·卡特林在19世纪30年代提出的。在经过100多年的洗礼浸润之后，国家公园的理念不断更新，内涵日渐丰富。早期的国家公园都被视为经济利益潜能极低的荒野地区。然而，这些公园并非完全不具备经济利用价值。例如美国黄石国家公园获益于铁路的修建，不仅带动了一些基础设施建设，也为早期旅游者提供了进入公园的交通工具。当国家公园这一概念日益稳固，随着它在全世界范围内的传播，它并不只是被简单地复制粘贴；相反，它衍生出许多不同的含义，从而适应不同的自然、政治和社会环境。

旅游是国家公园概念的基本要素，它出现在基于生态保育理念创设国家公园的时代之前（Haines，1974）。国家公园是自然保护的重要手段，但是没有旅游业的发展潜力也是不可能设立的。只有将旅游娱乐与自然保护相结合，才能带来可持续发展。在很多国家，国家公园是支撑当地旅游业的极其重要的旅游地。越来越多的国家公园通过旅游减缓基础维护与管理等方面的资金压力。协调国家公园自然保护与旅游活动之间的关系是发展中国家保护与利益的冲突及转型过渡期的希望。

　　许多国家公园实施了限流措施，通过预约系统、限制入园人数、制定旅游季节等方式控制游客流量（Phillips，2009）。有些公园会专门制订生态旅游规划，合理规划游览路线，这是平衡旅游娱乐和自然保护的关键举措。亚洲的部分国家公园通常规划专门的游览路线和观赏景点，确保游客在特定区域内活动，减少对敏感地区的干扰。有些国家公园特别注重游客教育，为了提高游客对自然保护的认识和意识，开设了自然保护教育中心，向游客介绍珍稀动植物、野生动物保护和生态系统的重要性，并通过设置信息中心、展示馆、解说员等方式，向游客传达环境保护知识和行为准则。有些国家公园则提倡社区参与和经济激励，使当地居民成为自然保护的合作伙伴。

　　不过，国家公园与旅游业之间的关系却一直不算融洽，甚至有很多人反对在国家公园开发旅游业（Phillips，2009）。旅游是一种动态变化的社会现象，在发展过程当中不可避免会带来一些问题需要人们适应和解决。旅游业以积极的方式为社会经济发展作出贡献的同时，其时常不受控制且快速的增长可能产生生态系统退化和地方传统文化丧失等不利影响（IPCC，2007）。实际上，国家公园的土地和动植物资源是吸引游客的核心资产。然而，旅游业的成功本身需要付出一定代价，旅游活动给脆弱的生态系统带来的压力加速并加剧了生态系统的衰竭。

　　国家公园除了为旅游休闲提供场所之外，还是自然保护地的重要组成部分，全球大部分国家公园都位于生态脆弱区域。作为典型生态脆弱区的森林和草原是地球生态多样性和稳定性的重要载体，是对抗当前全球气候变化的重要手段。热带森林面积占全球森林总面积45%，是区域和全球气候、天然碳汇和最重要的陆地生物量重要的调节者之一（联合国粮农组织，2021），而与森林面积大致相当的草原承担着防风固沙、保持水土、涵养水源、调节气候、维护生物多样性等重要生态功能，它们对于生物多样性、生态系统服务、社会和文化特征、生计以及气候变化适应和减缓具有不可估量的价值（IPCC，2007）。

但是，在全球变化背景下，由于人类不断加大对土地资源索取和改造的力度，生态脆弱区人与自然关系矛盾日益突出，普遍存在着水资源匮乏、土地退化、生物多样性丧失、生态环境脆弱、环境承载能力低下等严峻问题，人类干扰加速了生态系统退化，严重制约了这些地区社会、经济和生态的可持续发展。有大量研究证明这两种生态系统正在遭受不同程度的破坏（IPCC，2022）。例如，近年来的过度开发致使草原资源遭到严重破坏，植被覆盖度逐年降低，荒漠化问题也在逐渐加剧（刘钟龄等，2002）。随着国家公园的发展，大量游客的涌入对当地社会、传统文化和自然环境的影响远远大于旅游业给当地带来的益处（Phillips，2009）。还有关于旅游利用对自然生态环境的影响，随着徒步旅行等旅游活动的增加，引发了诸如旅游承载力（Cresswell et al.，2000；Frost & Hall，2009）、土壤紧实化（Cao et al.，2018）、植被群落退化（Tan et al.，2012）、外来物种入侵（Foxcroft et al.，2008）等环境问题。

综上所述，自然生态环境是旅游发展的物质基础，是实现旅游地可持续发展的重要保障。自然保护与旅游发展研究已受到国际社会的普遍关注，引起了各国政府和有关国际组织的高度重视。旅游对当地生态环境和居民的生活福利所产生的影响是明显的，迄今为止的相关研究成果为研究旅游活动与自然资源之间的相互作用关系提供了现实的、连续的、可靠的宝贵数据。很多迹象表明全球生态系统已经严重超载，比如气候变化、物种灭绝、海洋污染、能源危机等，热带雨林和草原是抵抗地球生态系统退化的重要屏障（IPCC，2022）。因此，在区域尺度上研究旅游活动对热带雨林和草原生态系统生态脆弱区自然资源的影响以及土壤和植被的响应机制是预防和控制它们的第一步，也是探求环境和人类可持续发展的重要课题。

百年前完成工业化的西方国家创造积累了巨大物质财富，但是却为此付出了高昂的环境代价。我国领土辽阔、人口众多，经济在快速增长，城市化进程在加速，如何在满足人民物质需求的同时避免像其他国家一样遭受沉重的环境代价？习近平生态文明思想给出了答案，这一思想创造性地提出生态兴则文明兴、人与自然是生命共同体，强调坚持人与自然和谐共生，革新了对人与自然关系的认识，从理论上破解了人与自然二元割裂问题，为实现人与自然和谐相处提供了新的认识论支撑。过去 10 年，中国生态文明建设创造了多个世界之最：全球森林资源增长最多和人工造林面积最大的国家、全球空气质量改善速度最快的国家、全球能耗强度降低最快的国家之一。尤其是，这些年中共中央、国务院关于国家公园建设的重大决策部署，无一不展现了我国建设人与自然和谐共生的现代化的决心。2022 年，国家林草局、财政部、自然资源部、生态环境部联合印发《国家公园空间布局方案》，遴选出总面积约 110 万平方千米的 49 个国家公园候选区，计划保护面积居世界第一位，更是体现了我国推动构建人类命运共同体、共谋全球可持续发展的大国担当。

在此背景下，本书以受旅游活动干扰严重的典型生态脆弱区——温带草原和热带雨林为切入点，应用土壤学、生态学、草地生态学、水土保持学等相关学科的基本理论和方法，选取中国内蒙古自治区呼伦贝尔草原旅游景区和马来西亚柔佛州热带雨林国家公园作为研究对象，采用野外调查、室内理化分析、经典统计学分析和地质统计学分析等综合定量的评价手段，分析旅游利用对中国草原退化的植被群落和土壤理化性质的影响，探讨草原土壤硬度的空间变异特性和空间分布状况及其与植被之间的关系，计算马来西亚国家公园的年均土壤侵蚀量，进一步修正通用土壤流失方程式覆盖与管理因子，开发出适合热带地区国家公园道路及周边地带由旅游活动引起的土壤侵蚀评估方法，解明马来西亚国家公园侵略性外来物种毛野牡丹藤的分布模式，利用广义线性混合效应模型评价土壤和光照两类环境因素对毛野牡丹藤的分布造成的影响。研究通过定量的方法评估旅游利用对自然资源退化的影响，提出不同生态系统下旅游景区和国家公园植被与土壤的管理策略以及以自然资源保护为核心的可持续发展路径。研究成果将为相关决策管理部门提供科学有效的基础数据和理论依据，对于加强生态脆弱区环境保护，促进生态脆弱区生态系统可持续发展，实现人与自然的和谐共处具有非常重要的科学意义和价值。

本书共包含六章内容。第一章首先从生态脆弱性概念、研究对象、研究方法、生态脆弱区在全球及我国的分布和相关研究等角度介绍近年来关于生态脆弱性的研究进展。其次，介绍国家公园的缘起及其在其他国家的传播与演变过程中概念、立法、管理机构与方式等的不同，以及旅游业与国家公园之间的关系。然后，对中国温带草原发生的草原退化问题开展论述，主要涉及我国北方草原退化现状、影响草原退化的驱动因素及旅游对草原退化的影响研究。再次，针对马来西亚热带雨林的森林退化进行讨论，主要从热带雨林退化现状、驱动因素，以及热带雨林频发的土壤侵蚀和外来植物入侵角度进行研究回顾。最后，通过对上述文献的梳理与论述，提出研究空白和本书拟解决的研究问题及思路。

第二章是研究地概况，从地理位置、气候条件、植被类型、土壤类型和旅游发展等角度系统性地介绍中国内蒙古自治区呼伦贝尔草原旅游景区和马来西亚柔佛州兴楼云冰国立公园的基本情况。

第三章是关于内蒙古草原旅游活动对草原退化的影响研究，介绍了在内蒙古呼伦贝尔草原旅游景区，由于游客践踏造成土壤板结，导致表层土壤和植被有机质含量下降，草原大面积退化。具体表现为，随着旅游干扰强度的增加，植被群落组成以多年生杂类草本植物为主，草地退化指示植物寸草苔成为群落优势物种。利用区的植被盖度、地上生物量、多样性指数、优势物种的草高显著低于非利用区，而利用区的优势物种寸草苔的株数却显著高于非利用区。与非利用区相比，利用区表层土壤的有机碳、全氮、轻组分碳、轻组分氮和阳离子交换容量均有所下降，但两个样区的土壤结构、pH 值和电导率没有明显差异。空间分布上，土壤硬度的分布格局表现为由旅游区的中部向周边区域发散递增，结构表现出明显的条带状和斑块状分布的特点。空间距离分析结果显示，游客中心的表层土壤受旅游活动的影响较大，而越远离游客中心，则受旅游开发利用的影响就越小。

第四章为马来西亚国家公园土壤侵蚀量评估手法改善研究。研究区域具有降雨侵蚀力较高、土壤抗侵蚀性相对较强、坡度相对较缓、地形对土壤侵蚀量的影响较小的特点。通过土壤侵蚀预报模型 USLE 估算得出研究区域的土壤侵蚀预测值与侵蚀沟横断面面积计算得出的土壤侵蚀实测值的对比发现，原模型预测值远远大于对应采样点的实测值，表明原模型估算精度较差。这是由于尽管《USLE 土壤调查手册》提到了生物结皮和砾石，但是没有关于两者的具体参数，导致 USLE 模拟的精度有误。因此，需将生物结皮和砾石因子修正到原模型。对各个土壤侵蚀量的偏差率进行预测并再次计算土壤侵蚀量的预测值后发现，模型拟合精度明显提高，修正后的预测值与实测值较为接近，两者之间存在显著相关性。

第五章则是马来西亚国家公园外来植物分布及其影响因素研究。调查发现，毛野牡丹藤能够抵抗游客带来的践踏压力，多分布于表层土壤紧实度较高的道路和游步道沿线，具体分布于森林光环境适度、土壤表层紧实、营养物质中度贫乏和弱酸性土壤的地点。通过构建 GLMMs 发现，林冠开度和土壤 pH 值对道路沿线的毛野牡丹藤密度产生负面影响，而全氮含量对游步道的毛野牡丹藤密度产生负面影响。这表明导致毛野牡丹藤入侵的因素因土地利用而异，道路为光环境，游步道为土壤环境。将道路和游步道的数据结合起来分析发现，毛野牡丹藤的密度受到林冠开度和土壤全氮含量的负面影响，其中，林冠开度的影响最大。这些观点强调，外来植物性状与光照和土壤条件的相互关系可能是其成功入侵的主要因素。

第六章为本书研究的主要结论、研究展望及对旅游活动与自然保护之间关系的思考。

本书探讨旅游活动与国家公园和旅游景区自然资源之间的相互关系，为国家公园、旅游景区与旅游业的研究增添了新的内容。希望本书不仅有益于生态旅游研究领域的本科生或研究生，同时也能为旅游、生态、环境及相关领域的科研和实际工作者提供一定参考。由于涉及的研究时间跨度较大，难免存在一定局限性，敬请读者批评指正。

目　录 / *Contents*

第 1 章

绪 论

1.1 生态脆弱区研究概述

1.1.1 生态脆弱性内涵

人类社会经济发展与自然生态环境有着密切的联系。20 世纪中期以后，为了缓解人口数量的急剧增加带来的生存压力以及实现经济的快速发展，人类不断增加对自然资源的开发与利用，导致能源短缺、水土流失、土地沙漠化、生态系统退化、森林减少、生物多样性丧失等一系列生态环境问题不断涌现，这些问题直接影响了人类日常生产生活、区域社会经济发展以及全球气候变化（IPCC，2001）。不同空间尺度的生态系统的基本结构和固有功能遭到空前的冲击与破坏，生态脆弱性成为全球气候变化和可持续发展领域的核心问题之一（IPCC，2001）。

1986 年，国际科学理事会（International Council for Science，ICS）建立国际地圈—生物圈计划（International Geosphere – Biosphere Programme，IGBP），标志着全球变化科学新领域的诞生。1988 年，在世界气象组织（World Meteorological Organization，WMO）和联合国环境规划署（United Nations Environment Programme，UNEP）的支持下政府间气候变化专业委员会（Intergovernmental Panel on Climate Change，IPCC）成立。IPCC 主要关

注入类社会经济活动所造成气候过程的影响，下设三个工作组，其中，第二工作组负责处理影响、脆弱性和适应问题。随着全球变化研究的不断深入，IPCC 进行了两次人类应对全球变化的能力和适应程度的脆弱性评估研究，分别于 2001 年和 2007 年发表了《气候变化 2001：影响、适应和脆弱性报告》和《气候变化 2007：影响、适应和脆弱性报告》，报告综合考虑了科学、技术、环境、社会经济方面的脆弱性现状，评价了气候变化导致的脆弱性及对生态系统、社会经济和人类健康的影响，也识别和评估了人地系统对气候变化的适应性选择的实践（IPCC，2001），同时对气候变化的潜在影响，以及自然和人类系统的敏感性、适应性和脆弱性进行了评估，为针对全球气候变化脆弱性开展研究探讨提供了借鉴（IPCC，2007）。2005 年，国际地圈—生物圈计划（International Geosphere-Biosphere Programme，IGBP）提出全球土地计划（Global Land Project），将"识别人类—环境耦合系统的脆弱性和持续性与各类干扰因素相互作用的特征及动力学"作为其主要研究方向（Turner et al.，2003）。自此，以 IPCC 为代表的学界对全球的生态脆弱性展开了持续的研究（IPCC，2022）。

生态脆弱性研究的起源应追溯到 19 世纪生态学概念的兴起。1866 年，德国生物学家厄恩斯特·海克尔（Ernst Haeckel）首次给生态学下了一个明确的定义，认为它是一门关于生物与其外部自然环境，包括生物和生物之间以及生物与其环境间相互关系的学科（唐纳德·沃斯特，1999）。生物与周围环境存在着相互依存的整体关系的理念由此延伸开来。而伴随着生态学中"共栖""共生""寄生""演替""群落""生态系统""食物链""物种数量金字塔"等概念的出现，人类对自然有机整体性的信念不断增强。虽然生态学的初衷是让人们更好地了解自然和利用自然，但通过它的发展，科学的整体有机主义思想逐渐确立，人们认识到大自然是一个共同体，人类的生存依赖大自然。

生态脆弱性即生态系统脆弱性，生态系统的脆弱性是由组成生态系统的各个子系统的脆弱性及不同子系统之间的耦合作用表现出来的。生态系统是指一个特定环境内的所有生物和环境的统称，主要分为社会系统、自然系统、社会—自然耦合系统三个类别（Gallopín，2006）。1905 年，美国

生态学家克莱门茨首次将生态过渡带的概念引入生态学的研究领域
（Clements，1916）。在 1989 年第七届国际环境问题科学委员会（Scientific
Committee on Problems of the Environment，SCOPE）大会上，脆弱带的概念
得到了确认。此后，SCOPE 又多次召开专题讨论会来探讨全球变化对脆弱
带的影响、脆弱带对生物多样性的影响及生态系统管理问题等。国内生态
脆弱性研究最早是 20 世纪 80 年代对生态脆弱区域的分类。中国科学院于
1989 年主持实施国家"八五"重点科技攻关项目"生态环境综合整治和
恢复技术研究"；同年 8 月，国际地圈—生物圈计划中国委员会召开了第
二次委员会议，呼吁加强对生态脆弱性的研究。

　　生态脆弱性的概念是由脆弱性的内涵演变而来的。国外对脆弱性的研
究，最早是作为生态学研究的一个内容，早期的脆弱性概念大多是针对自
然生态系统，20 世纪 80 年代脆弱性研究主要关注自然灾害领域，例如蒂
默曼（Timmerman，1981）基于自然生态系统面对外界干扰的结果，将脆
弱性定义为系统遭受不利影响或损害的程度。20 世纪 90 年代之后，陶氏
（Dow，1992）、卡特（Cutter，1996）及 IPCC（IPCC，2007）的报告分别
从社会系统相关的学科角度对脆弱性的内涵进行界定，这意味研究者开始
站在社会系统的角度开展脆弱性研究，主要从气候变化响应和社会经济入
手，涉及农、林、牧、渔等生产部门，横跨资源和灾害两大领域。进入 21
世纪以来，脆弱性研究内容逐渐趋向于自然系统和社会经济系统的综合，
在多个学科范围内得到了广泛的应用，涉及的学科领域包括灾害管理、公
共健康、气候变化、土地利用、可持续性科学以及经济学、地质学、工程
学等（徐君等，2016）。

　　目前关于生态脆弱性的定义尚未达成统一共识。王等（Wang et al.，
1998）认为，生态脆弱性是在特定时空尺度中相对于外界扰动影响具有敏
感性和恢复能力，它是系统自身固有的属性，在外界影响因素的扰动下表
现出来。政府间气候变化专业委员会（IPCC，2001）给出的定义为，生态
脆弱性研究的基本内容包括系统对外界扰动的敏感性、系统变化的评估、
变化对系统造成的潜在影响的估测，以及系统对影响和变化的适应性评价
等。赵柯等（2004）则提出，生态脆弱性是指生态系统遭受外界干扰影响

后，偏离原来状态并难以恢复原来状态这一现象的研究。方创琳等（2015）从城市的角度对生态脆弱性进行定义，即城市在发展过程中当其抵抗资源、生态环境、经济、社会发展等内外部自然要素和人为要素干扰的应对能力，当这种抗干扰的应对能力低于某一临界阈值时，城市即进入脆弱状态。通过对国内外生态脆弱性概念的归纳发现，尽管生态脆弱性的概念各不相同，但大部分的定义都强调生态系统在遭遇外部自然因素和人为因素扰动后会展现出系统固有的敏感性、适应性和自我恢复能力，若持续施加压力致使这种抗干扰能力低于某一临界阈值时，系统则朝着相反方向发展并难以恢复到原来的状态水平，这种变化往往是不利于自身和人类生存、发展及利用的。

近年来，生态脆弱性研究主要包括暴露（exposure）、敏感性（sensitivity）、适应性（adaptive capability）三个要素：暴露是指系统接触外在气候变化的特征、强度和速率；敏感性是系统感受和响应气候变化直接或间接、有利或有害影响的难易和灵敏程度；适应性则指自然或人类社会对已经或预期要发生的气候变化事件及其可能的影响采取适当的措施，从而趋利避害的能力和行为。其中，敏感性是脆弱性研究的热点，虽然气候变化可能会对人地系统产生一些积极的影响，但是人们目前更为关注的仍是其消极影响（马定国等，2007）。

1.1.2 生态脆弱性研究对象

按照研究对象可以将脆弱性研究划分为专项脆弱性研究和综合脆弱性研究。专项脆弱性研究主要针对受到区域变化影响的某一领域或者对象，大体可以分为4类：（1）社会生产部门的脆弱性；（2）人群的脆弱性；（3）社会生产条件的脆弱性；（4）生态系统及其功能的脆弱性（徐广才等，2009）。

国外生态脆弱性的研究对象主要包括植被群落变化（Gonzalez et al.，2010）、陆域和海域生态系统退化（IPCC，2022）、用水安全和水资源管理（Merrey et al.，2007）等，我国生态系统脆弱性研究对象则呈现出由大到小、由地理单元到行政单元的多元化研究特点。20 世纪 80 年代至 21 世纪初，我国学者对生态系统脆弱性的研究大多是以我国典型的生态脆弱带为研究对象，如东北农牧交错带、贵州喀斯特脆弱带、中国农牧与风水蚀交错区、青藏高原东部、黄土高原地区、绿洲—沙漠交错带等，研究范围比较广泛，且这一时期的研究以理论探究和定性分析为主；2004 年以后，研究对象的区域范围开始逐渐缩小，如安徽、广东广州、宁夏盐池、甘肃环县、内蒙古鄂尔多斯、广西环江、河北张家口坝上、陕西榆林、吉林辽源等成为学者们研究的重点对象，这一时期的研究采用定性分析与定量评价相结合、以定量评价为主的研究方法，景观生态学、土地利用、研究对象空间变异特征研究等内容是这一时期的重点（徐君等，2016）。

1.1.3　生态脆弱性研究方法

1. 概念模型

20 世纪 80 年代，联合国环境规划署（UNEP）和经济合作发展组织（OECD）共同提出"压力—状态—响应"（pressure - state - response，PSR）概念模型，这一模型在脆弱性研究中得到广泛运用。之后，该模型又得到了进一步发展，形成"暴露—敏感适应"（vulnerability scoping diagram，VSD）评价整合模型（Polsky et al.，2007）。紧接着，国内有学者在此基础上构建了生态脆弱性评价"敏感—弹性—压力"概念模型，其中，生态敏感性是指生态环境对外界的自然因素和人为因素造成的干扰具有敏感性程度，这个特性反映了生态系统抵抗外界干扰的能力强弱；生态弹性是指生态系统在外界干扰或压力不超过弹性限度的前提下，具有自我调节和恢复原来状态的能力，生态弹性和生态系统自身结构和功能有关；生态压力是指自然灾害、人类需求以及社会经济发展给生态环境带来的压力（乔青等，2008）。另外，有研究者基于"生态敏感力—生态恢复力—生态压力度"评价概念模型建立了环渤海地区五省（市）的生态脆弱性评价指标体系（卢亚灵等，2010）。还有学者以黑龙江省扎龙国家级自然保护区的整体生态环境为研究对象，结合生态系统健康理论和景观生态学理论，建立了"压力—状态—相应"模型，对扎龙自然保护区的生态脆弱性进行分析评价（付博等，2011）。

2. 研究方法

目前，生态脆弱性的研究方法包括评价性和预测性两个方面，与之相关的技术主要包括遥感（remote sensing）、地理信息系统（geographic information system）和全球卫星定位系统（global positioning system）。评价性研究方法主要依据自然状况的敏感性和社会经济的适应性，采用指标评价法开展脆弱性的研究；预测性研究方法主要依据气候及土地利用变化情景分析和区域生态系统响应模拟评价生态脆弱性。其中，评价方法主要包括AHP – 模糊综合评价法、综合指数法、灰色关联度分析法、景观生态学模型、物元可拓模型等（何才华等，1996；巫锡柱和晏路明，2007；肖笃宁等，1990；Turvey，2007）；预测方法主要有情景分析法、生态足迹法、系统动力学仿真模型等（Bazan，1997；於琍等，2008；张汉雄和上官周平，2006）。

1.1.4 生态脆弱区研究进展

生态脆弱区是生态系统物质、能量分配不协调的产物，也就是一种处于脆弱状态的生态系统，这种脆弱是相对稳定生态系统而言的，在同等干扰下，脆弱生态系统更容易发生性质上的变化，表现为极易在干扰下偏离系统原有的平衡状态，从而向着生态恶化的方向发展（Barrow，1994）。生态脆弱区是一个宏观的概念，包括各种不同类型的生态环境区域，其脆弱性是针对人类活动的干扰而言的，是自然区域、经济区域与行政区域的综合体现。

全球的生态脆弱区分布广泛，可能有1/10的土地处于高度脆弱水平，还有1/2的土地被评估为非常高度脆弱水平，大约有10亿人生活在这些被列为生态脆弱的地区（Gonzalez et al.，2010）。生态脆弱区涉及所有的陆域和水域生态系统和许多地理区域，热点区域主要分布在非洲、东南亚、南美洲、中美洲、小岛屿和极地的部分地区（IPCC，2007）。全球变化对生态脆弱区的影响显著，以气候变化为主要标志，以人类活动为主要驱动力，生态脆弱区内普遍存在着土地退化、生物多样性丧失、水资源匮乏、生态环境脆弱、环境承载能力低下、冰川冻土消融和水资源格局改变等严峻问题，并在未来全球变化持续影响下可能会加剧。在亚洲，极端降雨和洪水事件在东亚和东南亚频繁发生（Mori et al.，2021）。另外，干旱对西亚、中亚和中国北方的农业和畜牧业产生长期影响，对当地的水资源安全造成严重威胁（IPCC，2022）。

　　我国是世界上生态脆弱区分布面积最大的国家之一，据统计，生活在脆弱和高度脆弱地区的人口占全国总人口的 98.68%（He et al.，2018）。环境保护部 2008 年印发的《全国生态脆弱区保护规划纲要》中指出，我国生态脆弱区大多位于生态过渡区和植被交错区，处于农牧、林牧、农林等复合交错带，并将我国生态脆弱区分为八个区域：东北林草交错生态脆弱区、北方农牧交错生态脆弱区、西北荒漠绿洲交接生态脆弱区、南方红壤丘陵山地生态脆弱区、西南岩溶山地石漠化生态脆弱区、西南山地农牧交错生态脆弱区、青藏高原复合侵蚀生态脆弱区、沿海水陆交接带生态脆弱区。上述生态脆弱区的特征主要包括五个方面：（1）系统抗干扰能力弱。生态脆弱区生态系统结构稳定性较差，对环境变化反映相对敏感，容易受到外界的干扰发生退化演替，而且系统自我修复能力较弱，自然恢复时间较长。（2）对全球气候变化敏感。生态脆弱区生态系统中，环境与生物因子均处于相变的临界状态，对全球气候变化反应灵敏。具体表现为气候持续干旱、植被旱生化现象明显、生物生产力下降、自然灾害频发等。（3）时空波动性强。波动性是生态系统的自身不稳定性在时空尺度上的位移，在时间上表现为气候要素、生产力等在季节和年际间的变化；在空间上表现为系统生态界面的摆动或状态类型的变化。（4）边缘效应显著。生态脆弱区具有生态交错带的基本特征，因处于不同生态系统之间的交接带或重合区，是物种相互渗透的群落过渡区和环境梯度变化明显区，具有显著的边缘效应。（5）环境异质性高。生态脆弱区的边缘效应使区内气候、植被、景观等相互渗透，并发生梯度突变，导致环境异质性增大。具体表现为植被景观破碎化，群落结构复杂化，生态系统退化明显，水土流失加重等。

20世纪90年代之后，国内许多学者围绕不同生态脆弱区广泛开展了实证研究。其中，大部分是关于生态脆弱区分布和成因的。杨勤业等（1992）在对我国环境脆弱现状进行全面分析的基础上，绘制了1:1000万中国生态脆弱形势和危急区域图，并且按照自然区域和行政区域（省区）分析了我国生态脆弱区的分布，生态环境脆弱性水平不危机地区包括青海、新疆、西藏、安徽、福建、浙江；生态环境脆弱性水平较危机地区包括山东、河南、湖南、湖北、广西、广东、云南、海南、江西及台湾；生态环境脆弱性水平危机地区包括内蒙古、黑龙江、陕西、甘肃和贵州；生态环境脆弱性极危机地区包括辽宁、吉林、河北、山西、四川、宁夏、江苏等。赵跃龙和刘燕华（1994）在前人研究的基础上，基于对我国生态环境类型成因和结构的分析，将我国生态脆弱划分为北方半干旱—半湿润区、西北半干旱区、华北平原区、南方丘陵地区、西南山地区、西南石灰岩山地区、青藏高原区。刘军会等（2015）采用遥感和GIS技术，建立评价指标体系及评价模型，综合评价了全国生态环境敏感性，定量揭示敏感性空间分布特征，结果显示，生态极敏感区主要分布在我国西北干旱/半干旱地区、西南湿润地区、东南湿润地区以及黄土高原丘陵沟壑区；高度敏感区主要分布在阿尔泰山、天山、阴山南麓、科尔沁沙地、呼伦贝尔沙地、羌塘高原西部、横断山和东南丘陵山地等区域。

此外，国内还有部分学者将研究集中在生态脆弱区旅游方面，林明水等（2018）以福建省472个全国乡村旅游扶贫重点村为样本，基于"成因—结果"模型构建生态脆弱性评价指标体系，结果表明极度和重度生态脆弱村主要分布在三明市、宁德市、南平市和龙岩市，餐饮和床位数、旅游基础设施状况、土壤侵蚀强度、人口密度、年平均降水量、坡度、休闲农业园面积等为生态脆弱性主要驱动因子。贾雪梅等（2021）采用主成分分析法探讨了祁连山国家公园张掖段的生态脆弱性，结果显示，从西北至东南，研究区地势由高变低，归一化植被指数、气温和降水量由低变高，生态脆弱性由高变低，影响生态脆弱性的主要因素为平均降水量、坡度和土地利用类型。学界对于生态脆弱区利用自身自然资源优势发展生态旅游产业，以促进经济发展、摆脱落后现状还存在很大的争议，主要原因是在先天性生态环境脆弱的生态脆弱区发展旅游业有可能造成生态环境的进一步恶化。

值得一提的是，温带草原和热带森林是典型的生态脆弱区，同时也是世界上最重要的陆域生态系统。其中，热带森林面积占全球森林总面积45%，是区域和全球气候、天然碳汇和最重要的陆地生物量最重要的调节者之一（联合国粮农组织，2021），而与森林面积大致相当的草原承担着防风固沙、保持水土、涵养水源、调节气候、维护生物多样性等重要生态功能，它们对于生物多样性、生态系统服务、社会和文化特征、生计及气候变化适应和减缓具有不可估量的价值（IPCC，2007）。然而，有大量研究证明这两种生态系统正在遭受不同程度的破坏（IPCC，2022）。特别是近年来，人类对全球生态系统的影响呈迅速加速趋势，陆地中许多野生物种的数量急剧下降，主要是因为大量森林和草原转变为农田，以及外来入侵物种的普遍传播（IPBES，2020）。

另外，自然保护区和国家公园是全球自然保护地的主要部分，对于协调生态脆弱区域的生态、生产和生活空间结构，减弱人类活动对区域生态系统完整性和原真性破坏起重要作用。但随着自然保护区数量的不断增加以及过度保护，忽视了保护地所具有的为当地社区群众利益和区域经济发展提供多种系统效益的功能，致使自然保护成了政府、社会精英及国际环保组织与社会中弱势群体之间的冲突。可持续发展必须兼顾当代与后代人的利益。国家公园的理念精髓在于兼具保护和合理的利用自然资源，即目前发达国家环境保护领域与运动中所倡导的保育（conservation）理念。于是，建立国家公园在全球许多国家被认为是维护生态系统、保护生物多样性和生态脆弱地区的最佳方式之一。

1.2　国家公园研究现状

1.2.1　国家公园的起源

国家公园最初起源于美国，从 1872 年美国黄石国家公园被确立为世界上第一个国家公园到现在已经走过 1 个多世纪，国家公园作为一张国际名片在全世界范围内不断推广，有关国家公园的研究也逐渐深入。国家公园是旅游休闲、教育、学术和保护濒危景观、自然群落和物种的公共资源。黄石国家公园被认为是美国自然保护主义思潮、荒野向往以及社会民主发展等综合作用的产物，迄今为止至少有 11000 年以上的历史。1805 年，路易斯安那领地州长描述了一幅由美国原住民在野牛皮上绘制的地图，显示黄石河上有一座"火山"。事实上，直到 19 世纪初，美国人才来到该地区，他们对黄石国家的三项最著名的早期探险包括库克—福尔瑟姆—彼得森探险队（1869 年）、沃什伯恩—朗福德—多恩探险队（1870 年），以及1871 年由美国政府资助地质学家费迪南德领导的科学调查探险队。其中，以海登的探索尤其彻底，他们所绘制的地质地图、绘画和照片以及海登本人的日记都对说服美国联邦政府相信黄石地区应该受到保护起到了一定帮助作用，最终促成了黄石国家公园的建立。还有人认为国家公园概念的诞生，与同时代铁路运输系统的发展密不可分。北太平洋铁路公司发现西部景观作为旅游资源的潜在价值，计划将铁路延伸到蒙大拿州，于是便组织并推动了沃什伯恩探险队的考察，而国家公园的宣传反过来又成为销售债券从而支持其铁路的建设（Haines，1974）。

实际上，国家公园一词的诞生出现在更早的时候。1842 年，美国著名的画家和探险家乔治·卡特琳（George Catlin）首次提出建立"国家的公园"的构想。卡特琳在 19 世纪初期游历了北美各地，为印第安人素描和绘画。他最著名的作品是美国印第安人的画作，其作品展现了美国西部地区的广袤草原、壮丽山川和印第安文化的神秘与多元化。19 世纪 30 年代，卡特琳在大平原旅行时意识到由于当时人们对水牛皮毛制成的长袍的狂热追求几乎造成了当地水牛的灭绝。许多印第安人捕杀水牛仅仅为了获取皮毛，而不是用于食物或者制作自身所需的衣服，大量的水牛被剥皮后，尸体留在草原上腐烂。美国西部大开发对印第安文明、野生动植物和荒野的影响使卡特琳深表忧虑，他在专著《关于北美印第安人的礼仪、习俗和状况的信件和笔记》中提出了一个与众不同的想法：

> 这片土地从墨西哥一直延伸到北部的温尼伯湖，几乎是一整片草地……水牛居住着，它们与印第安人部落一起生活，繁衍生息，上帝创造他们是为了享受这片美丽的土地和它的奢华……当一个人（曾经游历过这些领域，并且能够适当地欣赏它们）想象它们在未来（通过政府的一些伟大的保护政策）保留着原始的美丽和野性时，这也是多么美妙的沉思，一座宏伟的公园，世人可以在未来的岁月里看到，身着经典服装的印第安人，手持强弓、盾牌和长矛，驰骋在野马的周围，周围是成群结队的麋鹿和水牛。多么美丽而惊险啊，美国在未来的岁月中保存和维护其优雅公民和世界的观点的典范！一个国家的公园，里面有人类和野兽，充满了自然之美的野性和新鲜感！

1868 年，加利福尼亚州的地质学家乔赛亚·德怀特·惠特尼（Josiah Dwight Whitney）在其著作《优胜美地之书》中也将优胜美地描写成国家公共公园。惠特尼与威廉·H. 布鲁尔（William H. Brewer）、克拉伦斯·金（Clarence King）、洛伦佐·耶茨（Lorenzo Yates）等对加利福尼亚州进行了广泛的调查，包括内华达山脉和优胜美地地区，出版了六卷本系列《加州地质调查》（1864~1870 年）和《优胜美地之书》等。惠特尼敦促该州不要将优胜美地山谷的一些土地转让给早期定居者，而是将整个山谷保留为国家公园。书中拍摄的优胜美地原始图像对于说服美国国会保护优胜美地山谷起到了重要作用，被认为是整个环保主义摄影师流派作品的直接先驱。优胜美地的建立基于一个简单但具有开创性的理念，即应保护荒野免受商业利益的影响，以便所有人可持续利用和享受。在优胜美地成为州立公园十年后，该国颁布了世界上第一个国家公园的法令，这其中优胜美地功不可没，其主要原因是国会在评审黄石国家公园时使用了州立公园法案中的内容（Frost & Hall，2009）。为表彰惠特尼对环境保护作出的贡献，美国境内最高峰惠特尼山就是以他的名字命名的。

同一时期，北美受到拓荒精神的影响，崇尚城市化、过度使用土地和砍伐森林等。但随着美国东部森林的快速消失，其生态后果也逐渐暴露出来。由于受19世纪荒野探险文化和浪漫主义的传播影响，美国人对待荒野的态度逐渐从征服转变为欣赏和保护，越来越多的有识之士开始认识到毁林所带来的各种社会和生态问题（Nash，2001）。卡特琳通过画笔描绘的景色和惠特尼的镜头下记录的珍贵资料激发了人们对公园的向往。后来随着环保主义思潮的兴起，人们保护荒野的意识和行动也得到进一步增强。特别是乔治·帕金斯·马什（George Perkins Marsh）在系统梳理前人思想的基础上，于1864年完成《人与自然：或因人类活动而改变的自然地理》。该书是最早记录人类活动对环境影响的作品之一，文章对美国人对待自然环境的态度提出了尖锐的批判，被认为是呼吁环保理念，促使人们重新思考人与自然之间关系的自然资源管理著作，在当时的影响力仅次于《物种起源》。马什强调，人类与自然之间存在相互依存关系，人类的活动对自然环境的影响是不可逆转的，必须采取积极的措施来保护环境和自然资源，如果我们不恢复和维持全球资源并提高人们对自身行为的认识，人类可能会毁灭自己和地球（Marsh，1864）。

美国作为国家公园概念的创始国，在国家公园的建设上具有历史悠久、规模庞大、分布广泛等特点，其主要目的在于保护国家级的自然生态资源、自然状态、自然景观，以及具有历史意义的文化遗存及文化景观这两类珍贵的资源。1970年，美国国会通过了《国家公园局授权法案》，确定了国家公园设立的基本标准和条件。其核心就是要求自然资源和生态系统的典型性、代表性、完整性，要确保具有生态、文化、美学等保护价值的自然资源得到保护。国家公园管理局的核心理念及职责是保护国家公园内所有自然资源、自然过程、自然系统和价值，使它们免受人类的破坏，永久地保护它们的完整性，使当代和后代的公民都有享受它们的机会。

尽管美国自然保护意识的开端是为了保护地热资源，但从1872年建立黄石国家公园到20世纪初期，美国的国家公园一直不具备管理能力，且处

于对资源和环境过度开发和利用的状态（Wharton，1966）。美国国会直到
1916 年才通过《国家公园管理局组织法》，设立国家公园管理局（National
Park Service），国家公园体系才开始正式建立。尽管有了专门设立和经营
国家公园的管理机构，在短期内构建了较为健全的组织架构，但管理对象
却仅是原来隶属内政部或新成立的国家公园及相关的保护区，事权分散的
局面未能得到有效解决。直到 1933 年，美国国家公园管理局成为国家公园
系统的唯一管理机构，事权才实现统一（Albright & Cahn，1985）。经历了
各种困境和挑战以及扩张期，1980 年后美国国家公园逐渐趋于健康稳定发
展，困扰美国长达 100 多年的原住民议题也在 1987 年得到正视（Keller &
Turek，1999）。美国以地权或资源所有权为核心，探索出了国家公园管理
体制的三种模式：一是实行中央到地方和公园三个层级的垂直管理体制；
二是实行中央立法监督，由地方进行垂直管理的体制；三是由中央直接管
理公园的管理体制。美国国家公园局仅管理了全美不到 14% 的保护地，其
他保护地由美国林务局、鱼类和野生动物管理局进行管理。美国林务局是
全美保护地区主要管理部门，所有建立在林地内的国家公园和保护地都由
林务局进行管理。

　　受黄石国家公园的影响，美国和其他国家相继建立起多个国家公园，
因此黄石国家公园的建立模式和共享理念不仅是美国国家公园体系发展的
开端，也为全球国家公园的发展奠定了基础。

1.2.2　世界自然保护联盟关于国家公园的定义与分类

　　从 1872 年到 21 世纪初，国家公园运动从美国扩散到世界上 200 多个
国家和地区，从单一的国家公园概念衍生出"国家公园与保护区体系"
"世界遗产""生物圈保护区"等相关概念。截至 2023 年 10 月，全球共建
立了 6739 个国家公园，其中最多的国家是加拿大，有 2307 个；另外，从
洲际来看，北美洲国家公园的总数最多，其次是大洋洲；按照区域类型分
类，位于陆地的国家公园有 5900 个，跨越海陆的国家公园有 508 个，位于
海洋的国家公园有 288 个，尤其以大洋洲的海洋国家公园为最多（梁力文

等，2023）。

世界自然保护联盟（International Union for Conservation of Nature，IU-CN）成立于1948年10月，是历史最悠久、规模最大的全球环境组织，拥有超过1200个政府和非政府机构成员和近11000名分布于150个国家或地区的专家志愿者。世界自然保护联盟的核心工作之一是自然保护地的建立、发展及保护。IUCN于1994年出版的《自然保护地管理分类应用指南》根据主要管理目标将保护地划分为6个类别，其中包括国家公园，并且在2008年及2013年的指南中也涵盖国家公园。目前IUCN的保护地体系已成为国际上保护区管理分类的通用标准，被联合国、生物多样性公约秘书处等多个国际组织所采纳。根据IUCN的定义，国家公园是指大面积的自然或接近自然的区域，设立的目的是保护大规模（大尺度）的生态过程，以及相关的物种和生态系统特性。这些保护区提供了环境和文化兼容的精神享受、科研、教育、娱乐和参观机会的基础（Dudley et al.，2013）。

1974年IUCN出台的《世界各国国家公园及同类保护区名录》对于国家公园的设立标准进行了规定，要求：（1）面积在1000公顷以上，具有优美景观的特殊生态或地形区，有国家代表性且未经人类开采、聚居或开发建设的区域；（2）为长期保护自然、原野景观、原生动植物、特殊生态系统而设定的保护区；（3）由国家主管部门采取步骤，限制开发工业区、商业区及人口活动聚居区的面积，并禁止采伐、采矿、建立电厂、农耕、放牧、狩猎等行为，同时有效执行对生态、自然景观维护之区域；（4）维护原始自然状态，作为当代及未来世代的科学、教育、游憩、启智资产的区域（IUCN，1974）。

IUCN于1994年出版的《自然保护地管理分类应用指南》根据主要管理目标将保护地划分为6个类别，即自然保护区、国家公园、自然纪念区、栖息地、景观保护区和资源管理保护区。其中，"Ⅱ类——国家公园"所占面积的比例最大。国家公园是以保护生态系统和提供游憩为主要目标的保护地，从全球自然保护发展的现状和趋势来看，国家公园是保护自然资源包括物种、生态系统及其生物多样性的重要形式之一。目前IUCN的保护地体系已成为国际上保护区管理分类的通用标准，被联合国、生物多样性公约秘书处等多个国际组织所采纳。

1.2.3　世界国家公园发展概况

国家公园理念的传播，并未受到任何中央机构的控制。在 IUCN 提供关于国家公园的标准术语之前，已经有很多国家创建了各自的国家公园。如同肯德基进军中国市场时开发出适合当地饮食习惯的菜单一样，在国家公园理念向全世界国家传播和发展过程中，各国的国家公园都有着独特的发展轨迹，由于历史背景、经济基础和特色资源等因素的差异，各国的设立目的、规模大小、命名方式、运行依据和管理机构等也各不相同。

1. 大洋洲

（1）澳大利亚。

在美国人为保护优胜美地和黄石国家公园而奋斗的同一时期，澳大利亚的环保人士则寻求保卫塔斯马尼亚美丽的土地。尽管塔斯马尼亚保护区在 1863 年被划出用于"景观目的"，但直到 1879 年，澳大利亚才建立了第一个国家公园，也是世界上第二个受联邦保护的公园——现在称为皇家国家公园。随后南威尔士、维多利亚州、南澳大利亚州等地区纷纷建立保护区、公共公园以及国家公园。20 世纪，昆士兰州与塔斯马尼亚州率先通过国家公园、风景区保护法令，设立了保护区管理委员会，并建立了若干国家公园。南澳大利亚借鉴美国关于原野区保护的经验并引入了原野区这一概念，建立了原野保护区。

澳大利亚作为联邦制国家，其国家公园不是由政府统一管理，主要是由六个地方性州政府负责管理和运作。他们原本是六块分开的殖民地，第二次世界大战以后，每个州保留了对土地的控制权，于是，每个州政府都有权将土地转换为国家公园用地，也都各自创设了国家公园管理机构并颁布了相关法令，同样地，澳大利亚首都直辖区创建的国家公园则由联邦政府行使管辖权，尽管各个机构之间互相独立，联邦政府有时候也会召开一些关于行政事务的部级政策协调会（Frost & Hall，2009）。1975 年以后，联邦政府先后通过了《环境保护法案》《大堡礁海洋公园法案》《澳大利亚国家公园和野生动植物保护法案》等法案。1996 年，联邦政府联合各州、领地政府开始施行国家保护区计划，其保护地体系（NRS）也随着国际保护地运动的发展而不断完善。国家公园作为保护地体系的一部分，被纳入社会事业范畴，主要由政府出资建设。

（2）新西兰。

新西兰于 1887 年建立了汤加里罗国家公园，目的是保护汤加里罗火山、瑙鲁赫伊火山和鲁阿佩胡火山。新西兰 1952 年通过的《国家公园法》将国家公园的目标设定为：永久保护……其目的是公众的利益与享用；新西兰的这些区域包含具有杰出品质的美景或自然特征，其美丽与独特的程度，足以使其保护具有国家级重要意义。在新西兰的土地上，分布着 14 个各具特色的国家公园，总面积 30669 平方千米，占新西兰国土面积的11.34%。

与加拿大类似，新西兰受北美国家公园体制的影响较深，一直到 20 世纪 80 年代初在评议新西兰国家公园与保护区的行政管理结构时，依然存在许多美国方面的影响。直到 20 世纪 80 年代晚期，新西兰自然资源保护部成立后，新西兰的国家公园才开始培育出本土风格（Hall，1988）。1987 年，新西兰政府把原分属林业、野生动物保护和土地管理三大部门管辖的保护职能集中到政府统一管理，成立了唯一一个综合性的保护管理新西兰自然和历史遗迹的部门——自然资源保护部。保护部的主要任务是负责所有自然和人文资源的保护，以及各类生物物种的保护。新西兰的保护管理最高机构是议会，议会之下分为政府机构管理和非政府保护委员会。其中，保护部主要负责国家公园的管理，保护部管理机构分为国家机构和地方机构。国家公园所在地的保护委员会对管理国家公园的政策制定享有参与权。在新西兰，所有国家公园的特许经营权由国家唯一的保护部授予。由于土地私有制的缘故，管理模式主要依靠政府和社区公众双方的参与。新西兰土地大部分归公民私有，政府需要通过雇佣当地人或当地人义务参与方式管理以及联合保护经营的方式同私人达成协议，社区居民可参与国家公园建设的各个环节，这与新西兰公民的民主意识、环境保护意识及受教育程度普遍较高密切相关。

2. 北美洲

　　加拿大对国家公园的定义与美国相似，但更加注重其经济效益，国家公园所保护的景观也偏向于人类改造后适宜于休闲娱乐的人造景观。加拿大于 1885 年在落基山脉建立了第一个国家公园，即现在的班夫国家公园。第二次世界大战后加拿大等美洲国家经济出现空前繁荣，旅游人数激增，国家公园建设速度加快，截至 2024 年 3 月，加拿大已在 39 个自然区域内建立了 171 个国家历史遗迹、47 个国家公园、5 个海洋保护区和 1 个国家城市公园，保护面积达 45 万平方千米（Parks Canada Agency，2024）。

　　1911 年，加拿大议会通过《领地森林保护区和公园法案》，加拿大公园管理局正式成立，成为世界上第一个国家公园管理局，其使命是保护和展示加拿大具有全国代表性的自然和文化遗产，并以能保证生态和纪念完整性的方式增进公众的认知、理解和享受。加拿大国家公园管理局隶属环境与气候变化部。国家公园实行垂直型管理体系，层级清晰，采取层层上报的年报制度，并接受利益相关方和公众的监督，其职责包括国家公园、国家历史遗址以及国家海洋保护区的设立与管理。1930 年通过的《国家公园法》（*National Parks Act*）中确立了国家公园的宗旨：为了加拿大人民的利益、教育和娱乐而服务于加拿大人民，国家公园应该得到很好的利用和管理以使下一代使用时没有遭到破坏。同时明确国会作为国家公园创立、撤销和扩张的最终批准机构，规定新的国家公园建立及旧的国家公园范围变更必须得到国会批准。

　　20 世纪 60 年代，为了解决保护自然原始景观与旅游业开发之间的矛盾，加拿大自然保护联盟开始扩大国家公园体系，成立国家和省立公园协会，国家公园的价值取向从游憩利用开始转向生态保护（Parks Canada Agency，2021）。1970 年国家公园体系规划实施并首次提出将生态多样性包含在公园管理理念中。1971 年《国家公园系统规划》正式提出，以"自然地理区域"概念作为思想基础，把全国上下划为 39 个"自然区域"，国家公园的生态完整性成为公园设立和保护的首要目标，游憩利用则必须在维护公园生态完整性的基础上进行。另外，国家公园建设和运行以及科学研究、宣传教育和社区共管等资金主要依靠联邦政府财政拨款，以确保国家公园以保护为主并体现全民公益性（Parks Canada Agency，2021）。

3. 欧洲

欧洲最初建立国家公园的国家是瑞典。1909 年首批设立的 9 个国家公园均集中在人口稀少的瑞典北部地区，主要依据自然景观及其保护价值进行筛选。瑞士和西班牙等也较早地成立了自己的国家公园以作为民族身份的象征，公园多选址在具有标志性的文化遗产和历史古迹地区，呈现出小而分散的格局。而英法德等主要大国在 20 世纪下半叶才开始设立国家公园，其管理者更倾向于在亚非拉的殖民地内成立国家公园，以满足殖民管理需求。

一般认为，英国的国家公园不符合 IUCN 有关国家公园的官方定义：IUCN 的定义强调资源保育优于游客到访；而英国在创建国家公园的过程中，一直将旅游置于首要位置，并且区域内还存在大量的私有土地，其立法条文中规定，国家公园的目的是保存和强化所在具体区域的自然美景和鼓励公众享受。上述立法中提到的具体区域是指英格兰和威尔士乡村地带的广阔地块，指定需要满足以下条件：自然美景和特征，距离人口聚居中心的位置，能提供开敞空间的户外游憩机会等。因此，英国语境下的国家公园定义一直有别于美国的版本。与新西兰类似，英国国家公园的管理过程中也强调利益相关者、当地居民的参与。英国由于土地权属关系比较复杂，土地所有者通常包括了当地居民或国家信托等多个主体，因此大部分英国国家公园主要通过"合作伙伴"管理模式进行管理。该管理模式鼓励各方权益主体共同参与保护与管理，强调利益共享和风险共担（Poore et al.，1987）。

尽管欧盟各国国家公园的发展目标略有差异，但民族自豪感与地域认同感仍然是不可忽视的原因（EUROPARC，2009）。西班牙等昔日欧洲强国希望借助国家公园激发民族认同和爱国情感，而瑞典等实力较弱的欧洲国家希望通过国家公园强调领土的主权完整。由于公众的国家公园游憩需求与日俱增，更多的国家公园选择设立在可达性较好的区域。1991 年，欧洲自然与国家公园联合会（EUROPARC Federation）设立的"生态旅游与公园项目"是欧洲国家公园发展的重要里程碑，标志着欧洲国家公园将生态旅游等游憩活动的规范化管理提上议程，包括员工交流、护林员培训等。自此以后，欧洲国家公园逐渐注重游憩利用相关建设，包括生态旅游、环境教育等方面。

4. 非洲

由于非洲野生动物资源丰富，非洲的大部分国家公园主要以保护当地野生动物资源为目的，而不是保护自然景观，因此多设立于野生动物资源丰富的区域。这些国家公园的建立原因主要是由于当地野生动物狩猎的泛滥引起了其宗主国的注意，另外，英国本土野生动物保护协会的游说也起到了极大的推动作用（Frost & Hall, 2009）。最具影响力的是野生动植物保护国际（Fauna & Flora International, FFI）。该协会的前身是帝国野生动物保护协会（Society for the Preservation of the Wild Fauna of the Empire），成立于 1903 年，是世界上历史最悠久的国际非营利性保护组织之一。协会成员有一个共同的特点便是热衷于保护野生动物，该协会游说英国殖民政府保护自然资源、控制象牙贸易并修改灭绝野生动物的政策，在东非和南非控制狩猎和保护栖息地的立法中发挥了重要作用，为非洲第一批国家公园的建成铺平了道路（Prendergast & Adams, 2003）。南非的克鲁格国家公园、坦桑尼亚的塞伦盖蒂国家公园以及肯尼亚的几个野生动物保护区的建立都离不开该协会的运作（Prendergast & Adams, 2003）。除此之外，国际自然保护管理局（International Bureau on Nature Conservation，第二次世界大战后演绎为 IUCN）和一些私人俱乐部也是当时非洲地区创立国家公园的积极倡导者（Frost & Hall, 2009）。

当英国人为非洲的野生动物保护奔波时，比利时于 1925 年第一个在非洲大陆的殖民地上建立了国家公园，也就是刚果的艾伯特国家公园，目的是保护山地大猩猩。建于 1926 年的南非克鲁格国家公园是南非第一个国家公园，也是非洲自然环境和野生动物保护管理水平最高的国家公园之一。南非克鲁格国家公园成为非洲国家公园的典范主要得益于以下几点：①完善的保护法律体系；②实行严格的旅游管控；③科学理性的保护；④跨界保护管理；⑤与社区广泛合作。

目前，南非国家公园（South African National Parks，SAN Parks）由国家公园管理局负责管理。南非国家公园管理局成立于1956年，隶属国家环境事务与旅游部，负责管理20个国家公园内占地3751113公顷的土地区域。南非国家公园管理局根据《保护区法》以及其他法律，如《国家环境管理法》和部长的指令对国家公园、世界遗产以及其他保护区进行管理和保护。南非国家公园管理局负责管理一系列能够代表国家本土的动物、植物、景观以及相关文化遗产的公园。其核心任务是为当代人和后代人的公平利益，通过创新和最佳办法来发展、扩大、管理和促进能够代表生物多样性和遗产的、可持续的与社会相连接的国家公园体系。

5. 亚洲

20世纪20年代，国家公园运动飘洋过海来到亚洲。1924年，法国在其当时的殖民地柬埔寨设立了吴哥国家公园，仅仅比刚果的艾伯特国家公园早一年，与其他国家出于保护自然景观或者野生动物不同，设立这个公园的目的是保护考古遗迹（Cresswell et al.，2000）。1932年，菲律宾通过《国家公园法》建立国家公园系统，该法案认为国家公园是公众领域的一部分，因为它们具有重要的历史、科学或美学价值，并指出国家公园的价值和意义超出了单纯的经济利益，需要得到全社会的关注和保护。1981年，印度尼西亚通过《农业部长令》颁布了国家公园管理系统法案，允许农业部管理国家公园和其他形式的保护区。到20世纪末，亚洲许多国家都已经建立了自己的国家公园，但是还有一些国家的国家公园数量较少，体系还不完善，如阿联酋、阿曼、阿塞拜疆、东帝汶和亚美尼亚，究其原因可能是这些国家的自然环境条件相对较差，缺乏相关资源和条件，它们的文化和历史传统可能并不重视自然保护，或者存在对保护区资源的不当利用习惯（苏盼盼，2023）。

（1）日本。

东亚较早建立国家公园的地区是深受西方文化浸润的日本。受第一次世界大战的影响，日本直到 1931 年才颁布《国家公园法》（1957 年修订为《自然公园法》），目的是响应民众日益增长的保护自然景观的呼声。1934～2020 年，日本共创建了 34 个国家公园，覆盖约 21945 平方公里的土地，相当于国土面积的 5.8%。其中有许多国家公园都包含了联合国教科文组织世界遗产、拉姆萨尔遗址（拉姆萨尔公约指定的国际重要湿地）和野生动物保护区。

随着日本经济水平提高，环境破坏与过度利用自然的现象频出，社会对于自然环境保护的要求逐渐高涨，国家公园由厚生省移交至环境厅负责管理，其在自然环境保护中的重要地位也得到重视。依据日本《自然公园法》，目前的自然公园分类包括国家公园、准国家公园和县立自然公园。国家公园是由政府指定并管理的、具有日本代表性和世界意义的自然风景地，分为国立公园和国定公园两种。两者的区别在于国立公园由国家管理，而国定公园则是由地方管理。由于日本国家公园中私有土地面积较大，按照《自然公园法》和《国立公园法》的规定，出于便捷、有效、科学的管理要求，目前实际由环境厅、都道府县政府和国家公园区域内土地所有者等对国家公园进行多方联合管理。但是在国家公园的实际管理中一般都会采用公园管理团体制度，以便更好地协调公园内的多方利益。公园管理团体是为推进公园保护与管理，由民间团体或市民自发组织的，经国立公园上报，环境大臣认可的公益法人或非营利性活动法人（NPO），全面负责公园日常管理、设施修缮和建造，以及生态环境的保护、数据收集与信息公布。

（2）马来西亚。

在马来西亚，国家公园被认为是热带雨林资源可持续利用和保护的重要手段。1972 年，马来西亚政府在森林资源极速减少的背景下，与州政府合作制定了《国家林业政策》，以期合理利用和管理森林资源。其目的有三：一是最大限度地减少河流洪水对农业用地的侵蚀破坏；二是将森林转化为以娱乐、教育、研究和保护动植物群为目的的区域；三是向当地社区持续供应木材（Hasegawa，2011）。针对第二点，森林通常被建立为国家公园。马来西亚建立国家公园的目的是保存和保护野生动植物和具有地质、历史和民族学价值的物体，并通过养护和合理开发它们来促进公众教育。1980年，马来西亚联邦政府制定了国家公园法，用于创建和管理国家公园。《1980年国家公园法》规定由各州建立国家公园，统一归联邦政府野生动物和国家公园部管理。但是该法案不适用于沙巴州和沙捞越州及位于吉兰丹、登嘉楼、彭亨三州交界的大汉山国家公园，这些州都有各自的立法对公园进行管理。马来西亚半岛的国家公园、州立公园均属陆地或海岸型自然保护地。

马来西亚拥有28个国家公园，其中，马来西亚半岛有6个国家公园，即大汉山国家公园、兴楼云冰国家公园、槟城国家公园、勒当山国家公园、柔佛丹戎比艾国家公园和柔佛库库普岛国家公园，其余公园位于婆罗洲岛。最早设立的公园是大汉山国家公园，也是该国最大的国家公园，公园创建于1938年和1939年，原名乔治五世国王国家公园，1957年独立后更改为现在的名称。该公园的森林已有约1.3亿年的历史，是迄今为止世界上最古老的热带雨林之一。大汉山国家公园由三个州的三个保护区组成，分别是大汉山彭亨国家公园、大汉山吉兰丹国家公园和大汉山登嘉楼国家公园。位于彭亨州的公园是面积最大的，为2477平方公里；其次是吉兰丹州，面积为1043平方公里；登嘉楼为853平方公里。

联邦和各州在土地管理和保护区保护的管辖权方面存在限制（Baka & Zainon，2021）。这是由于针对各种资源类型类别采用的立法也各不相同，有些法律是联邦立法，其他则是州立法，并非所有立法都适用于整个半岛、沙巴州和沙捞越州，并且这些类别由不同的联邦和州政府机构负责。马来西亚半岛的森林保护区受《1984年国家林业法》保护，由马来西亚半岛林业部和各州林业部门负责管辖。森林管理则由自然资源、环境和气候变化部负责，并在能源和自然资源部、自然资源和环境部、第一产业部或种植园工业和大宗商品部等多个部委之间进行分流。然而，野生动物受《2010年野生动物保护法》保护，而国家公园则受《1980年国家公园法》保护。两者均由联邦政府的野生动物和国家公园部门负责管理。某些州政府有独立的森林法和管理机构，柔佛州国家公园的管理由柔佛州国家公园公司（JNPC）负责，该公司是柔佛州政府管辖下的一个独立实体机构。总部负责决策，州和岛一级的办事处负责地方行政和日常活动。在霹雳州、沙巴州（沙巴公园）和沙拉越州（砂拉越林业公司）也建立了类似的独立实体机构来承担这些职能。因此，宪法规定的联邦政府和州政府的管辖范围导致各州之间规章制度的执行不统一，国家公园的某些事项属于联邦政府和州政府的立法权力。这种分散的森林管理以及联邦和州政府机构之间复杂的关系导致了热带雨林生态连通性降低、野生动物食物和栖息地缺乏、濒危动植物物种非法捕捞以及人类和野生动物之间的冲突（Schwabe et al.，2015）。除此之外，还存在另外一些问题，例如执法人员有限、实时侦查森林和野生动物犯罪的技术采用率不高、利益相关者之间缺乏所有权和共同责任等。为了解决这个问题，2022 年 8 月以《1984 年国家林业法》为基础的国家林业修正法案获得通过，目的是加快维持永久森林保护区和生物多样性并阻止非法活动的进展。

（3）中国。

我国国家公园大多是由自然保护区与风景名胜区整合而来，在开展国家公园试点以前，由国家政府部门主管的类似于国家公园的资源遗产保护地，分属于国家森林公园、国家地质公园、国家矿山公园、国家湿地公园、国家城市湿地公园、国家级自然保护区、国家级风景名胜区、国家考古遗址公园及酝酿中的国家海洋公园等多种类型，属于不同的管理系统。这些类型的保护地与国家公园相当，但又并不完全等同于国家公园。目前，依照《国家公园法（草案）》，国家公园被定义为由国家批准设立并主导管理，以保护具有国家代表性的自然生态系统、珍稀濒危物种、自然遗迹、自然景观为主要目的，依法划定的大面积特定陆域或者海域。

我国国家公园建设起步相对较晚。1931 年民国政府计划仿效日本建立国立公园，但因内外战争中断计划。1956 年我国在广东省建立首个自然保护区——鼎湖山自然保护区，这是我国第一个带有国家公园性质的资源保护地，代表我国正式开启发展自然保护区事业的序幕。1982 年我国设立国家级风景名胜区，开始引进和借鉴国家公园的理念和做法。1984 年，台湾地区垦丁国家公园（Kenting National Park）正式成立。随后，我国建立了自然保护区、森林公园、风景名胜区等多种类型的资源遗产保护地园区，并开始把国家公园的建设提上议程，推出了试点建设地区和首批行动项目。

1998 年，云南成为首个探索引入国家公园模式的省份，2006 年我国在云南省迪庆藏族自治州建立第一个国家公园——普达措国家公园。2013 年，党的十八届三中全会首次提出建立国家公园体制。随后，中央又发布了《生态文明体制建设总体方案》《建立国家公园体制试点方案》《"十三五"生态环境保护规划》《建立国家公园体制总体方案》等一系列国家公园建设指导意见，大力推动国家公园建设的发展。2015 年国家发展改革委在全国启动国家公园体制试点工作，这也意味我国在国家层面开始摸索符合国情的自然保护地管理模式。2017 年，党的十九大报告明确提出要建立以国家公园为主体的自然保护地体系。2019 年 6 月我国提出形成以国家公园为主体、自然保护区为基础、各类自然公园为补充的自然保护地分类系统，其中国家公园等级最高，处于核心地位。2021 年在昆明召开的《生物多样性公约》第十五次缔约方大会领导人峰会上，中国公布了第一批国家公园名单：三江源国家公园、大熊猫国家公园、东北虎豹国家公园、海南热带雨林国家公园、武夷山国家公园。2022 年，国家林草局、财政部、自然资源部、生态环境部联合印发发布《国家公园空间布局方案》，遴选出总面积约 110 万平方公里的 49 个国家公园候选区，计划保护面积居世界首位。国家公园候选区包括陆域 44 个、陆海统筹 2 个、海域 3 个。其中，覆盖了森林、草原、湿地、荒漠等自然生态系统，共涉及现有自然保护地 700 多个，10 项世界自然遗产、2 项世界文化和自然双遗产、19 处世界人与生物圈保护区。

实践表明，国家公园以生态环境、自然资源保护和适度旅游开发为基本策略，被认为是一种能够处理生态环境保护与资源开发利用关系的行之有效的保护和管理模式。尤其是在生态环境保护和自然资源利用矛盾尖锐的亚洲地区，通过这种保护与发展有机结合的模式，不仅有力地促进了生态环境和生物多样性的保护，同时也极大地带动了地方旅游业和经济社会的发展，做到了资源的可持续利用，实现生态、经济和社会效益协调统一。

纵观全球国家公园的发展史，虽然国家公园的概念源自美国，但欧美等发达国家与发展中国家并不相同，受殖民统治的国家与独立主权国家亦有差异。随着国家公园在世界各地生根发芽，这些国家也基于各自的国情状况，出于不同的初衷对其进行了全方位的改造。国家公园在全球的传播和发展历程中，其规律性的演变特点有以下几点：①国家公园的分布范围在全球不断扩大，数量不断增多，增长速度也在加快，逐渐成为一个国家文明与进步的象征之一；②各个国家根据自身条件和需求，形成各具特色的国家公园体系和发展模式；③虽然各国对国家公园的定义和标准不同，但都强调在严格保护自然生态系统的前提下，充分发挥科学研究、环境教育、旅游和社区发展等功能；④我国国家公园大多是由自然保护区与风景名胜区整合而来，计划创建国家公园的候选区涉及众多陆域海域生态系统，覆盖面积居全世界首位，如何强化国家公园自然资源资产管理成为重中之重；⑤尽管自然保护和保留荒野的浪漫观念常常被称为早期创建国家公园的主要驱动力，但从国家公园设立初期开始，旅游就是公园体系的目标之一，无论是在全球哪个国家，旅游始终都扮演着至关重要的角色，如何解决好自然保护与旅游利用这一矛盾，是目前我国和世界国家公园面临的最主要问题。

1.3　中国温带草原退化研究进展

1.3.1　草原概述

我国国家公园候选区涵盖了国土生态安全屏障最关键的区域——草原，作为我国占地面积最广的陆域生态系统，草原未来可能成为我国国家公园的核心组成部分。草原是指具有一定面积，由草本植物或半灌木为主体组成的植被为其生长地的总体，是畜牧业的生产资料，并具有多种功能的自然资源和人类生存的重要环境（许鹏和胡锋铎，1994）。草原生态系统储存了陆地生态系统中近1/3的有机碳，维持着水和营养物质循环，并为大量的野生动植物和土壤微生物提供栖息地（安渊等，1999；李博，1997）。草原作为可更新的自然资源，具有多种生态和经济功能，发挥着极其重要的作用（孟林，1998；杨利民等，2001）。我国北部高原地区覆盖着广阔的天然草原，面积393万平方千米，占国土总面积的41.7%，居世界第二位。我国地广物博，地理环境和气候条件差异较大，形成了独特的带状分布的草原类型，主要包括典型草原、荒漠草原、高山草原和草甸草原（吴征镒，1979），分布在内蒙古、西藏、新疆、青海、甘肃、宁夏等地区，以及邻近的东北三省和四川省。其中，内蒙古草原面积78.8万公顷，占全国草原总面积的20.06%，仅次于西藏（82.1万公顷），居全国第二位。在内蒙古草原资源中，以温性典型草原为主体，总面积27.7万公顷，占全区草原总面积的35.12%（李博，1997）。

但是，由于草原特殊的利用方式及管理模式，草原在保护地建设方面较为薄弱。我国自然生态系统中，森林、湿地及荒漠等均构建了较为完善的自然保护地体系。全国已建成的1.18万个自然保护地中，草原类型自然保护地仅40多个，主要是各级草原自然保护区，保护草原面积约165.17万公顷，分别占全国自然保护区总数的0.33%和面积的0.16%，加上三江源国家公园等国家公园，总保护面积占全国草原的2.5%左右，数量远少于森林、湿地等（姚天冲和周自达，2020）。此外，已经建立的国家级草原自然保护区仅有4个，省级仅有12个，其余为县市级保护区，保护等级普遍偏低，且很多典型的草原和草甸生态系统尚未保护起来。为补缺草原自然保护地，国家林草局于2020年3月发布《关于开展国家草原自然公园创建试点工作的函》，同年8月公布了39处国家草原自然公园试点建设名单，涉及草原面积14.7万公顷，草原自然公园试点建设进入实质性阶段。2021年，国务院办公厅印发《关于加强草原保护修复的若干意见》，明确提出完善草原自然保护地体系，实行整体保护、差别化管理。

人类利用草原的历史悠久，大约在七千年到一万年以前，从驯养牲畜的时候开始了对草原的长期利用。草原作为一个完整的生态系统，有其独特的发展和演变规律。然而，人类的开发利用大大加速了草地的演变进程，随着生产力的发展、人口数量的增加，人类对草原的利用强度日益增大。在人类活动和全球变化的共同影响下，草原生态系统的退化、生产力下降和功能失调问题日益突出，严重地影响和制约了其生产和生态功能（李博，1997）。草原退化既指草的退化，又指地的退化，是人为活动或不利自然因素所引起的草地（包括植物及土壤）质量衰退，生产力、经济潜力及服务功能降低，环境变劣以及生物多样性或复杂程度降低，恢复功能减弱或失去恢复功能，其结果是生态系统的退化破坏了草原生态系统物质循环的相对平衡，使生态系统逆向演替（陈佐忠和王献溥，1988；李博，1997）。

1.3.2　草原退化现状

从 20 世纪 60 年代开始，随着人口的增长，草地利用强度不断增加，我国北方草原面临着严重的退化挑战（李博，1997）。至 21 世纪初，中国可用草地面积约为 331 万平方千米，但其中约 90% 的草地处于退化的不同阶段（国家环境保护总局，2007）。草地退化一般分为轻度退化、中度退化、重度退化、极度退化四个等级：轻度退化是指原生群落组成无重要变化，优势种个体数量减少，适口性好的种减少或消失，但地上生物量与盖度约下降 20%~35%，围封后自然恢复较快；中度退化是建群种与优势种发生明显更替，但仍保留大部分原生物种，地上生物量与盖度约下降 35%~60%，围封后可自然恢复；重度退化是指原生种类大半消失，种类组成单纯化，低矮、耐踩踏的杂草占优势，地上生物量与盖度下降 60%~85%，自然恢复困难，需要加以改良；极度退化是指植被消失或仅生长零星杂草，地上生物量与盖度下降 85% 以上，需重建才可恢复（李博，1997）。草原退化使草群产量不断降低，草畜矛盾日益尖锐，自然灾害频率增加，造成鼠虫害猖獗和生物多样性降低，并已危及三北地区的农田、水资源和城乡环境，成为我国北方最重要的环境问题之一（杨利民等，2001）。

尤其是内蒙古草原的退化问题日趋严重。内蒙古地处我国北方半干旱农牧交错生态脆弱区，地域呈狭长形，东西跨度约 29 个经度，直线距离约 2430 千米。内蒙古的气候和年降水量和太阳辐射极不均匀，年降水量波动较大，但降水主要集中在夏季 6 月至 9 月，因此夏季植物生长旺盛；到 10 月气温急剧下降，植物死亡，地面几乎没有植物覆盖。因此，土地生产力低下，生态环境极为脆弱。由于畜牧业是内蒙古草原地区的主要生计，一旦草原生态环境恶化，草原的产量和质量就会下降，草原的利用价值就会严重受损（王明君等，2007）。内蒙古草原主要包括呼伦贝尔草原、锡林郭勒草原、科尔沁草原、乌兰布统草原、鄂尔多斯草原。其中，呼伦贝尔为草质优良的草甸草原，被誉为中国最著名的草原之一。呼伦贝尔草原位于内蒙古自治区东北部，是蒙古高原的一部分，总面积约 8.1 万平方千米。主要草原类型为典型草原、草甸草原、低地草原和山地草原，分别占呼伦贝尔草原总面积 38.4%、18.2%、26.5% 和 9.1%（张德平，2011）。维管束植物有 78 科 342 属 888 种，其中牧草有 120 余种，堪称牧草王国（赵一之，1987）。然而，近几十年来，呼伦贝尔草原的生态环境一直在持续恶化。由于呼伦贝尔草原地处干旱或半干旱地区，易受干旱、沙尘暴等自然灾害的影响，再加上过度获取资源等人为因素，1965 年退化草地面积占可利用草地面积的 12%~14%，1985 年超过 21%，1997 年超过 30%，2004 年达到 49%（赵慧颖，2007）。自 1974 年以来，呼伦贝尔草原的植被覆盖率下降了 15%~25%，株高减少了 10~18 厘米，初级生产力下降了 30%~50%，杂草覆盖率增加了 10%~45%，截至 2011 年退化草原面积已达 4 万平方千米（杨丽娜和王世进，2012）。

此外，草原退化不仅影响畜牧业的可持续利用，而且还是沙尘暴的主要来源，对我国其他地区的居民生活环境造成极大不便（赵慧颖，2007）。中国北方大范围沙尘暴在 20 世纪 50 年代发生 5 次，60 年代发生 8 次，70 年代发生 13 次，80 年代发生 14 次，90 年代发生 23 次（樊胜岳和张卉，2009）。此外，自 20 世纪 90 年代以来沙尘暴的频率和强度增加，邻近的朝鲜半岛和日本也几乎每年遭受沙尘暴侵袭。草原退化是荒漠化的主要表现形式，有关草原退化的成因尚存争议，目前国内外对于草原退化的影响因素可归结为两方面，即自然影响因素和人为影响因素。

1.3.3 草原退化驱动因素研究

1. 自然干扰对草原退化的影响研究

气候和降水是影响草原生态环境变化的主要自然因素。当前，学界关于气候因素导致的草地退化存在两种不同的观点。其一，气候变化漫长且复杂，近几十年在干旱和半干旱地区所观测到的温度升降和降水量增减均在植物正常生长的范围之内，尚不足以引起草原退化。例如，李博（1997）认为气候从全国范围来看与草地退化关联不大，但对局部地区的草地退化具有影响作用。其二，干旱和半干旱草原植被对气候变化有响应。马文红等（2010）的研究结果表示，高寒草甸的生物量月均温显著正相关，而与降水的关系较弱，不同草地生态系统对气候变化的响应可能存在差异。海春兴等（2002）对河北坝上草原区荒漠化研究发现，影响土壤风蚀和土地沙化的主要自然因素是冬季平均气温和降水量。吕晓英（2003）研究了我国西部主要牧区的气温、降水等气候因素的变化对产草量的影响，指出降水量增加 1 毫米时，曲麻县天然草地牧草量增加 1.6 千克，气温平均升高 1℃，甘肃夏河县草原每亩产草量平均减少 122.6 千克。

随着研究的深入，部分学者分析了气候与草原土壤之间的关系。侯琼和乌兰巴特尔（2006）通过气象及土壤水数据，对比分析了内蒙古典型草原区 40 年的气候与水分变化趋势，结果表明气候变暖致使水分蒸发加剧，加速了草原区土壤干旱化程度。关于气候因素对草地退化产生的影响尚未统一，但基本认识到气候因素对草原生态环境产生一定程度的影响，但草原退化的主要因素是不合理的人为活动导致的（李博，1997）。

2. 人为干扰对草原退化的影响研究

整体来看，草原退化是由错综复杂的干旱、风蚀、水蚀、盐害、地下水变化等自然因素，以及过度放牧、过度开垦和过度利用（无序采伐、过度采挖薪柴和药材）等人为因素交织引起的（侯琼和乌兰巴特尔，2006；杨丽娜和王世进，2012；杨利民等，2001；赵慧颖，2007）。1949年以来，由于游牧民族聚居政策的推进和我国肉类需求的快速增长，内蒙古、甘肃、新疆、青海等主要畜牧生产基地的畜禽养殖数量急剧增加，农产品牲畜的生产量不仅可以自给自足，甚至达到出口获取外汇的水平。由于畜牧业的发展，牲畜数量显著增加，草原地区的过度放牧问题日益突出。因单位面积饲养牲畜数量增加而超出草原允许范围的称之为过度放牧。姜恕（1988）指出，过度放牧是内蒙古草地退化最直接、起主导作用的因素。李青丰等（2002）认为，季节性（春季）超载过牧是草地退化的重要原因，随着牲畜数量的增加，传统的四季放牧型畜牧业对草地的破坏最为严重。另外，还有大量前人研究指出过度放牧是草地退化的主要原因（李香真和陈佐忠，1998；刘忠宽等，2006；刘钟龄等，2002）。

草原开垦对草原退化也有影响。根据内蒙古草地资源资料，20世纪60年代至70年代，内蒙古、新疆、青海等中国北方地区发生了大规模的草原开垦，导致土地荒漠化迅速扩大。尤其是1955～1956年、1958～1962年和1970～1973年的"三大清"使许多草原变成沙漠（樊胜岳和张卉，2009）。全国草原区40多年累计开荒670万公顷，按开1公顷荒地会使3公顷草地沙化的比例计算，全国仅开荒就造成2010万公顷草地沙化（吴精华，1983）。暴庆五等（1997）、吕子君等（2005）的研究也支持同样的观点，指出1949年至20世纪90年代中期，我国开垦的草原面积约为2.8亿亩，最终导致3.8亿亩草地退化，其中1.2亿亩草原退化为永久性沙漠，这些沙地主要分布在内蒙古自治区的科尔沁草原、鄂尔多斯草原等中西部地区。

樵采、乱挖与开矿等行为也是影响草地退化的人为因素。一些地区的人们樵采灌木作薪柴，同时为了增加经济收入，开始大规模地、频繁地掘野菜和药材（王艳和杨剑虹，2004）。特别是生长于荒漠地区的发菜，因其谐音"发财"且味道鲜美，有段时间曾风靡中国人的餐桌，每当春秋季节许多当地居民利用工具采摘发菜，对草地生态的破坏性极大。另外，很多地区的草地下蕴藏着丰富的矿产资源，矿业的无序发展也对草原和环境造成严重破坏（胡自治，2004）。

此外，草地管理制度与政策在一定程度上也可能加剧草原退化。随着土地个人承包制的引入，游牧民为了降低成本获取更高的利润，发展了新的畜牧业，比如饲养高价值的山羊或增加牲畜数量。但由于山羊有将地面草本植物全部取食的习性，会对草原植物造成不可挽回的伤害（韦惠兰和祁应军，2016）。杨理和侯向阳（2007）的研究专门分析了草原承包制与草原退化的关系，研究指出对于具有"公地"特点的草地资源，与个人完全私有或单独承包的管理体制相比，以家庭为单位承包，在完成草原土地产权初始配置的基础上允许牧户自主治理，鼓励牧户合作生产的管理模式可能更适合中国草原的实际情况。早在 1968 年，加勒特·哈丁（Garrett Hardin）便在他的论文《公地悲剧》（*The Tragedy of the Commons*）中以放牧公地为例，阐述了如果资源是共享的，就会出现每个人都有动机过度利用资源的现象，这是因为个人行为的利益与共同资源的利益相冲突，最终会导致资源的过度开发和耗竭。哈丁认为，解决这一问题的关键在于采取有效的资源管理措施，如制定私有财产制度、建立政府管制或者实行市场机制。他强调了个人和集体的责任，认为人们需要意识到自己的行为对整个社会和环境的影响，并采取有效的管理措施以保护和维护共享资源的可持续利用。

随着研究的深入，部分研究者开始尝试着利用不同学科的方法分析自然因素和人为活动对草地退化的影响。例如，杨惠敏和王冬梅（2011）论述了天然草原系统植物碳、氮和磷的生态化学计量学特征及其对环境因子的响应规律。还有一些研究者开始利用遥感数据，尝试分离气候与人为因素对草地退化的影响。例如，曹鑫（2006）利用遥感数据评价人为因素在草地退化区域中的影响趋势，其结果与草地退化现状比较吻合。沈海花等（2016）利用遥感影像和气候数据重新估算了我国天然草地生物量和生产力及其近 30 年的变化，发现现存资料对中国天然草地面积的估算差异很大，由于我国对天然草地缺乏有效管理，加上人工草地的比例低，很多地方的超载现象较为严重。此外，降水不足始终是影响我国草地生物多样性、生物量和生产力的重要因素。

1.3.4 旅游活动对草原退化的影响研究

迄今为止，尽管与过度放牧相关的草原退化研究已经有了一定积累，但旅游活动对草原退化的影响也值得关注。草原旅游是生态旅游的一个分支，即以草原生态系统为旅游对象所延伸出来的一种生态旅游类型（钟林生等，2005）。草原旅游收入占据草原地区城市生产总值的30%（钟林生等，2005）。草原旅游业能否持续发展与合理利用资源密切相关，而旅游活动对自然生态环境的影响最容易反映在植被与土壤上，其变化规律能够有效体现出草原旅游区生态系统对旅游干扰的敏感性（孙飞达等，2018）。

学者们关于旅游扰动对草原植被产生影响的研究，主要集中在植被多样性、植被群落结构及植被种类等方面。王鹤飞（2011）研究发现旅游扰动对于植被的影响在游步道25米以外区域范围内影响程度不大，距离旅游路径越远，其地表植被的物种丰富度指数、物种多样性指数以及物种均匀度指数均有所增加。李文杰和乌铁红（2012）发现游客活动区域内针茅（*Stipa capillata*）、冰草（*Agropyron cristatum*）、旋花（*Calystegia sepium*）、狼毒（*Euphorbia fischeriana*）等代表荒漠草原退化的指示性植物迅速增加。史坤博等（2015）研究了旅游活动对甘南草原植被的影响，结果发现不同干扰区的植物所受干扰程度有明显差异，其中游客休闲区、人行步道两侧以及商店周围的植被受旅游活动的破坏作用依次为严重、较重和较轻。宁璐（2023）等研究发现，不同类型的旅游扰动对荒漠草原旅游点的植物群落特征、土壤理化性质、生物多样性指数均产生了负面影响，而几种模式中对线性扰动模式重度干扰区的影响更为强烈。此外，草原旅游旺季与植被生长旺季在时间上有重叠，而主要分布于生态环境脆弱带上的北方草原本就对人为干扰敏感，大量游客涌入破坏了原有的生态平衡，对草原环境产生了较大的负面影响（李文杰和乌铁红，2012）。综上所述，旅游干扰对植被生长产生一定负面影响。

　　土壤是植物赖以生存的基础条件，植被的生长发育状况受土壤性质的影响。目前关于旅游干扰对土壤变化特征的研究主要集中在土壤理化性质方面。魏红磊等（2020）调查发现，游客踩踏干扰范围遵循由游步道边缘向两侧递减的规律，土壤硬度整体上呈现出从游步道边缘向两侧递减的规律，地表覆盖度响应指数整体上处于中等程度干扰。张兴源等（2008）主要研究人为干扰对希拉穆仁草原土壤的影响，结果表明 0～30 厘米土壤层砾石含量、砂粒、砾石含量均表现为旅游区大于放牧区和围封区，而土壤黏粒、粉粒的含量则表现为围封区和放牧区均大于旅游区。由此可知，随着旅游扰动程度的增加，土壤结构发生改变。

　　综上所述，我国虽然拥有庞大的草地资源，但由于草地资源管理和开发的落后，导致草原退化、土地沙化和城乡生态环境恶化，严重地影响了社会经济的发展，也为将来创建国家公园带来一定难度。从目前掌握的文献来看，虽然草原退化驱动因素研究取得了很大的进步，但关于旅游干扰研究尚存在一定不足，需要系统地选择有代表性的典型地区或脆弱地区作为案例进行深入的剖析。

1.4　马来西亚热带雨林森林破坏研究进展

1.4.1　热带雨林概述

　　热带雨林是"地球之肺"，是地球上面积最大、对人类生存环境影响最大的森林生态系统，对于调节碳、水和化学循环，维持健康的气候和养分循环发挥着举足轻重的作用。热带雨林主要分布在南北回归线之间低纬度地区的南美洲、中非和东南亚，此外还有印度洋，如马达加斯加、毛里求斯、塞舌尔，散布于岛屿、美拉尼西亚等南太平洋岛屿和澳大利亚北部。亚马逊盆地、东南亚和刚果盆地保有世界上面积最大的未遭破坏的热带森林，其中，亚马逊热带雨林面积约 400 万平方千米，东南亚约 250 万平方千米，刚果约 180 万平方千米（联合国粮农组织，2021）。热带雨林地区季节差异不明显，生物群落演替速度非常快。柯本气候分类法将热带气候定义为月平均最低气温超过18℃的地区。热带气候分为热带雨林气候、热带季风气候和热带稀树草原气候。由于热带雨林气候受赤道低压带影响，月降水量最少在60毫米以上，无旱季，环境全年湿润。热带季风气候受季风影响，旱季短，有时会出现干旱。热带稀树草原气候受赤道低压区和中纬度高压区的影响，短时间内干涸，月降水量60毫米以下，雨季和旱季分明。

马来西亚等东南亚地区气候温暖湿润。根据柯本气候分类法，东南亚地区属两个气候带，一个是有短暂旱季的印度支那半岛和菲律宾北部的热带季风气候，另一个是没有旱季的马来半岛、苏门答腊岛和婆罗洲的热带雨林气候。在东南亚热带雨林地区，气温几乎没有季节性变化，但由于受西南季风和东北季风的影响，降水量每年出现1~2次季节性变化。另外，该地区在厄尔尼诺现象期间降水量较小。

分布在东南亚的土壤主要是老成土（ultisol）（参照美国农业部分类）。这种土壤的特点是酸性，易缺乏碱性和微量元素，铝活性高，黏土分散性高，结构发育程度低，容易受水土侵蚀。老成土极易发育于热带温暖湿润地区，由于其长期风化和成土的历史，多广泛分布于古老且稳定的地形地表上，约占东南亚热带地区的64%。由于土壤含砂量高、黏土极少和养水分的保留能力低的缘故，除老成土之外，还分布着受蚀性高且营养贫乏的新成土（entisol）和灰土（spodosol）（久馬一剛，2001）。

东南亚森林的森林类型和树种组成受气候和位置条件的影响，大致可分为低地常绿雨林、湿地森林、红树林、季风森林和山地森林。最高可达40~70米的乔木可分为三个亚层，乔木之下又分为灌木层和草本层等，彼此套迭形成5~8层雨林群落，林内光线幽暗。由于大部分光合作用都集中在树冠中，树冠生态系统包含了苔藓、微生物、植物、动物等多类物种，有着与地面生态圈不同的属性和特征。热带雨林的植被组成非常丰富，以最高可达70米以上的龙脑香科树种为优势种，与肉豆蔻科、卡仕达科、香蕉科等多种树种共生，还包括各类藤蔓和附生植物等。

1.4.2 热带雨林森林破坏现状

在人类漫长的发展历史中，森林曾被视为野蛮和荒凉的象征，清除森林被看作人类文明进步的表现。森林砍伐已成为全球范围的环境问题。过去 300 年，全球已经失去了 1500 万平方千米的森林，特别是 1990～2020年，全球有超过 420 万平方千米的森林因森林砍伐而消失，其中 90% 以上发生在热带地区，因为热带雨林转变为农业用地造成的年均森林损失面积约为 13 万平方千米（联合国粮农组织，2021）。这些森林在气候变化方面起着非常重要的作用，虽然仅占全球森林总面积的 33%，但其碳储量却占到了全球森林碳储总量的 42%（联合国粮农组织，2021）。热带雨林的减少会导致植被和土壤的有机质分解产生二氧化碳，由于森林丧失吸收和固定二氧化碳的能力，大气中的二氧化碳浓度增加，不但会直接促进全球变暖，而且还会因为栖息地消失引起动植物灭绝，最终导致生物多样性的下降（久馬一剛，2001）。随着资源需求的减缓与各国森林保护意识的增强，近年来全球森林砍伐的速度出现了逐步下降的趋势。2015～2020 年，热带森林砍伐率较 2010～2015 年有所下降，约为 1020 万公顷/年，不过，由于新建人工林和现有森林的自然扩张也有所下降，导致 2015～2020 年热带森林净损失率为 730 万公顷/年（联合国粮农组织，2021）。

森林是很多国家和地区人民重要的生计来源。根据联合国粮农组织的统计，约有 8.8 亿住在森林附近的人们会通过收集木材、木炭、草药、食物等方式获得生活资源和部分收入，而在极端贫困人口中，有超过 90% 依赖森林维持生活所需。此外，森林的生物多样性还能用于促进旅游业发展，当前，全球 18% 的森林被规划为国家公园或野生动物保护区等，每年有 80 亿人次访问这些保护区，并为当地带来可观的收入（联合国粮农组织，2021）。

马来西亚是位于东南亚的多元种族国家，1963 年由马来亚联合邦（今马来亚半岛）、沙巴、沙捞越（今砂拉越）及新加坡（在 1965 年被驱逐出联邦后独立建国）组成联邦制国家。此后，马来西亚联邦政府加快了林地转换的进程。国家成立最初几十年，为了增加财政收入，联邦政府大力支持各州对马来西亚半岛土地开发计划（Vincent & Yusuf，1993）。联邦土地发展局、联邦土地整理和复垦局和橡胶工业小农发展局等机构提供行政、财政和技术援助，对马来西亚半岛橡胶和油棕种植园的扩张起到了重要作用。许多曾经是自然栖息地的森林被转变为橡胶和油棕种植园等非森林系统。到20世纪70年代末，剩余的森林保护区主要分布在不适宜种植橡胶和油棕的丘陵地区。这一系列的操作导致马来西亚半岛的林地面积从1966~1967年（该国首次开展土地利用调查）占国土总面积的68%下降到1984~1985年的57%，2006~2007年更是跌至44%。随着大部分原始热带雨林的消失，剩下的森林支离破碎，被种植园和城市地区所包围，这促使马来西亚半岛林业部对森林保护区进行更大的限制，其主要行动就是在1978年颁布国家林业政策和国家林业法（Vincent & Yusuf，1993）。

有效的立法是防止非法采伐和毁林、野生动物和生物多样性丧失、不受控制的土地利用变化和混合开发的关键。马来西亚宪法将林地的管辖权赋予州政府，而不是联邦政府和当地社区或私人团体。各州将其林地分为两类——国家林地和森林保护区，前者旨在转变为非森林土地用途，后者旨在保留为森林。保护森林和生物多样性的举措始于第三个马来西亚计划（1976~1980年），其中包括建立国家公园、自然保护区、野生动物保护区和原始丛林体系。

在马来西亚，寻求可持续利用和保护森林资源已成为一个重要课题。目前，马来西亚将旅游业视为通过伐木和开发油棕种植园来减轻森林砍伐的一种方式。文化、艺术和旅游部推行的旅游促进政策促使入境外国游客人数迅速增加，旅游业在马来西亚经济中发挥了重要作用，成为仅次于制造业的第二大创汇行业（Tang & Tan，2015）。国家公园的生态旅游一直以来被认为最契合可持续发展理念，由于独特的自然生态系统和丰富的生物多样性等得天独厚的资源优势，国家公园成为马来西亚开展旅游活动的理想目的地。

666

66666

1.4.3 热带雨林森林退化驱动因素研究

森林退化是许多间接或深层次的经济、人口和体制因素间一系列相互作用的结果。森林退化的驱动因素可分为直接驱动因素和潜在驱动因素。直接驱动因素为包括农作物、畜牧业和种植园在内的农业以及基础设施和木材采伐等，这些直接驱动因素又受到潜在驱动力的影响，例如人口、经济、技术、政治和制度或文化因素，这两种因素通常形成复杂的相互关系，并在多个尺度上发挥作用（Geist & Lambin，2002）。还有研究者指出，热带雨林的破坏是由无节制的商业伐木、油棕和橡胶种植园的开发、土地用途向农牧区的转变、不遵循传统做法的掠夺性刀耕火种以及厄尔尼诺现象引发的大规模森林火灾和人口压力等原因交互造成的（FAO，2015）。

随着研究的进一步发展，科蒂斯等（Curtis et al.，2018）使用高分辨率的谷歌地球（Google Earth）图像来绘制和分类自2001年以来的全球森林损失，研究发现，由大宗商品驱动的森林砍伐在全球森林覆盖损失总量中占比27%，因林业而产生的损失占26%，因各类农业需求而被砍伐、焚烧和开垦的森林占24%，由野火造成的损失占23%，由城市化发展造成的损失占0.6%。迄今为止，农业扩张仍然是毁林和森林退化的主要驱动因素。2000～2010年，大规模商业化农业生产（主要是养殖牛、种植大豆和油棕）导致了热带地区毁林的40%，当地的自给农业导致了另外的33%（联合国粮农组织，2021）。

另外，东南业热带地区由于年均降水量高容易发生水蚀现象，且水蚀的速率明显高于其他气候区的生态系统（Hamilton & King，1983）。水蚀是土壤侵蚀的一种，主要指因降水造成的土壤流失。上述驱动因素导致森林覆盖率降低，大量土壤经过雨水冲刷流向下游造成土壤侵蚀，对当地森林、农业和牧场生态系统的生产力产生不利影响（Eswaran et al.，2001）。

1.4.4 热带雨林土壤侵蚀研究回顾

1. 热带雨林土壤侵蚀的内涵

土壤侵蚀（soil erosion）是一个全球性的问题，主要指地形、土壤性质、气象条件、植被和人为（森林砍伐、烧林、过度放牧、人工造成等）等复杂交互作用导致土壤或地层剥落、流失或分散，从而导致土地荒废现象（日本ペドロジー学会，1997）。土壤侵蚀的本质是表层土壤颗粒物质在侵蚀作用力的影响下发生移动（张光辉和刘国彬，2001）。按照侵蚀发生侵营力可分为水力侵蚀、风力侵蚀以及冻融侵蚀，其中，水蚀作为自然现象之一在世界各地均有发生。按照侵蚀原因，土壤侵蚀分为自然侵蚀（natural erosion）和人为侵蚀（accelerated erosion by humans activity）两大类，前者属于自然地质过程，后者主要与人类活动影响有关，人类对表层土壤侵蚀造成的影响是自然侵蚀的100多倍（Reusser et al.，2015）。

长期以来，研究者们一直强调水蚀的重要性。19世纪末，最初由德国的沃尔尼在样地试验区开始研究土壤侵蚀（岩切敏，1995）。有研究者根据自然降雨的雨滴直径分布的调查发现，雨滴直径与降雨强度具有高度相关性（Laws，1940）。有研究者指出降雨造成的土壤侵蚀会降低土壤透水性。根据村井和岩崎（1975）的报告，在林道、拖拉机伐木场、游步道、梯田等裸露土地上，雨滴直接冲击地表会形成不透水的物理结皮，透水性下降。山本（1998）的研究结果证明，在裸地上进行5次人工降雨后，土壤透水性比初始减半。部分学者研究土壤的受蚀性，迈尔等（1984）考察了美国18种土壤的侵蚀情况，结果显示，粉粒含量高的土壤容易被侵蚀，而壤土和砂质壤土的侵蚀为中等程度，黏土含量高的土壤最不易受到土壤侵蚀。另外，也有学者关注土壤侵蚀的发生机制，指出湿润地区土壤侵蚀主要是由于雨滴冲击和土壤颗粒的剥落/分散作用（岩切敏，1995）。

热带雨林的毁林和森林退化加剧了土壤侵蚀发生。虽然在热带地区高温湿热条件下，土壤基质的风化和土壤养分的溶脱和流失，土壤极易处于养分贫瘠状态，但由于植物具有较高细根分配比率，常出现表层根垫和背地性根的特征，细根在凋落物层中的生长及拓展被视为对土壤养分不足的一种适应（Stark & Jordan，1978）。热带雨林生态系统通过这种适应模式迅速获取养分，同时在植被和凋落物、表层土壤之间形成保护并进行循环，从而维持生态系统的平衡。此外，地表的凋落物层对强降雨带来的雨滴冲击起缓冲作用，还有地表密集分布的根系也抑制了因地表径流造成的水土流失（久馬一剛，2001）。但是，由于热带雨林的退化和森林向其他土地用途的转变，地表可以阻挡暴雨的地表植被和地上凋落物层消失，且由于机械扰动和土壤固结，植物可利用的土壤养分库愈发贫瘠，表层土壤的流失因地表径流的增加而变得更加严重（Neuman et al.，1996）。表层土壤流失导致氮、磷等养分大量损失，同时由于养分含量相对较低的下层土壤暴露于地表，不利于森林的恢复（久馬一剛，2001）。

2. 国家公园土壤侵蚀研究

由于国家公园的生态脆弱性，土壤侵蚀已成为国家公园环境威胁之一。维吉特科苏姆（2012）采用地理信息系统（GIS）和通用土壤流失方程（USLE）研究了泰国国家公园的土地利用变化对土壤侵蚀的影响，研究结果表明，1990～2010 年，帕登地区土地利用的面积和格局变化对土壤侵蚀产生影响，土地覆盖面积较小的地区的土壤侵蚀风险比土壤覆盖面积较大的地区显著增高。查庞古等（2023）通过对南非稀树草原生物群落国家公园的土壤侵蚀状况进行调查发现，所有国家公园的土壤侵蚀量在 0～25 $t \cdot ha^{-1} \cdot y^{-1}$ 之间，只有少数几个国家公园的土壤流失量超过 25 $t \cdot ha^{-1} \cdot y^{-1}$，不同的土壤侵蚀量归因于稀树草原生物群落的异质条件，以及不同历史时期的公园土地利用模式。我国学者利用不同土壤侵蚀预报模型对国家公园的土壤侵蚀问题进行探讨。贾立志等（2022）基于 RUSLE 模型模拟得出，钱江源国家公园 2000～2019 年的模拟土壤侵蚀速率呈线性减少趋势。其中，80% 区域处于微度侵蚀，并且微度侵蚀面积呈增加趋势。由于雪灾影响，2008 年的模拟土壤侵蚀速率为 424.83 $t \cdot km^{-2} \cdot a^{-1}$，显著高于其他年份。不同功能分区的多年平均模拟土壤侵蚀速率具有显著性差异，其中游憩展示区＞传统利用区＞核心保护区＞生态保育区。黄婷婷等（2023）利用中国土壤流失方程（CSLE）探讨三江源国家公园土壤侵蚀分布规律，结果表明公园土壤侵蚀面积2.64万平方千米，黄河源园区是土壤侵蚀分布最广泛的园区，而长江源园区土壤侵蚀相对严重。

因此，为了有效防治国家公园水土流失，合理管理和利用土地资源，需要识别国家公园中易受侵蚀的区域和了解土壤侵蚀背后的驱动力，量化影响土壤侵蚀量的各种环境因素，对土壤侵蚀预报模型进行合理开发和优化。土壤侵蚀预报模型是定量评价土壤侵蚀强度，了解土地利用变化对土壤侵蚀的影响，进行水土保持规划的科学工具。自20世纪60年代以来，国内外已经开发出许多实用的土壤侵蚀预报模型。根据土壤侵蚀模型的建模手段和方法，一般可以将其分为经验统计模型和物理成因模型，经验统计模型是通过试验田观测资料和统计方法，选定影响土壤侵蚀的相关因素，得出计算土壤流失量的方程式；物理成因模型以土壤侵蚀的物理过程为基础，利用水文学、水力学、土壤学、河流泥沙动力学以及其他相关学科的基本原理，根据已知降雨、径流条件来描述土壤侵蚀产沙过程，从而预报某时段内的土壤侵蚀量（蔡强国和刘纪根，2003）。在这些模型中，世界上评价最高的模型之一是通用土壤侵蚀方程（Universal Soil Loss Equation，USLE）（Wischmeier & Smith，1978）。它是从美国发展起来的经验模型，建立降雨量（降雨量、30分钟或1小时降雨强度）、坡长、坡度、土壤性质、植被（植被覆盖度、类型）、保育（等高栽培）之间的多元回归因子关系式。

3. 土壤侵蚀预报模型（USLE）的研究进展

（1）USLE的概念。

USLE作为土壤侵蚀研究的重大进展，一经提出便迅速在世界各国以及我国许多地区得到广泛应用。USLE主要由美国农业部开发，基于对美国东部地区30个州10000多个径流小区近30年的观测资料进行系统统计分析提出（Wischmeier & Smith，1978）。USLE预测土壤径流沉积物的目的是定量评估导致侵蚀的因素，并为适合该地区的保护方法提供指导。尽管推出时间已久，但因为涉及区域广泛，参考资料丰富，计算方式简单，仍是目前预测土壤侵蚀最为广泛的方法。与其他物理模型相比，USLE 具有所需环境要素少、所需参数较易获得等优点。该方程将影响水土流失的 5 个因子用连乘的形式组成，包括降雨侵蚀因子 R、土壤可蚀性因子 K、坡度坡长因子 LS、覆盖与管理因子 C 和水土保持措施因子 P。

（2）USLE 在国内外的应用。

USLE 的适用性在世界范围内都已经得到了检验，并且通过修改调整系数应用于不同国家地区。例如，種田（種田行男，1975）通过 20 世纪 50～70 年代在日本实施的土壤侵蚀实测数据，对 USLE 的各个系数进行评估，指出在日本使用 USLE 需要将降雨侵蚀因子的降雨强度时间改为 60 分钟，土壤空隙率是影响土壤侵蚀的主要因素，以及坡度坡长因子、覆盖与管理因子和水土保持措施因子均需要修正。同样，细山田和藤原（1984）也强调覆盖与管理因子和水土保持措施因子相关评价不足，为了正确评估 USLE 的每个系数，需要在全日本持续测量数据。我国自 20 世纪 90 年代引入 USLE 以来，在许多地区都进行预测，特别是水土流失情况严峻的黄土高原。很多研究者根据我国土地特征对 USLE 各因子进行修正，诞生了若干个土壤侵蚀预报模型，主要涉及雨滴速度（牟金泽和孟庆枚，1983）、降雨侵蚀力（王万忠，1987）、降雨溅蚀（蔡强国和陈浩，1989）、植被覆盖因子（江忠善等，1996）、坡度坡长因子（刘宝元等，1999）、土壤可蚀性（张科利等，2007）等方面。随着对土壤侵蚀认识的逐步深入，经验模型发展所涵盖的因素从单因素到多因素逐渐完善。现阶段，模型主要考虑降雨、地形、植被、沟道、土壤特征和水土保持措施等，而且模型应用也从坡面尺度发展到小流域尺度，通过遥感和模型相结合的方法更是能估算更大尺度的土壤侵蚀量（陈羽璇等，2021）。

（3）USLE 覆盖与管理因子修正。

作为土壤侵蚀预报模型中影响土壤流失量估算精度的一个重要参数，覆盖与管理因子 C 一直是许多学者研究的热点与难点。覆盖与管理因子指一定条件下有作物牧草、植被覆盖和实施残茬覆盖等田间管理土地上的土壤流失量与同等条件下未实施任何措施的土地上的土壤流失量的比值。初版的 USLE 模型中，覆盖与管理因子涉及农作物和耕作制度（Wischmeier & Smith，1965）。第二版 USLE 模型中，覆盖与管理因子中加入了水土保持耕作法的影响（Wischmeier & Smith，1978）。两者的内容基本相同，但后者强调了作物残茬覆盖措施对改变土壤侵蚀的影响。一般认为，植被类型对于水土保持的功效，以森林最大，灌丛次之，种植的牧草和作物最差；就盖度来说，植被盖度越大，水土保持功能越强（Wischmeier & Smith，1978）。

大量研究指出，地表覆盖层是决定土壤侵蚀强度的重要因素。耐踩的植物以及萌发力强的植物在受到踩踏伤害后不易消失或很容易复发，因而减少了地表裸露的面积及时间，这样也就降低了土壤的冲蚀程度。植物除了能吸收降雨落下的动能，降低降雨的侵蚀能力，还可以暂时储存雨水以降低径流速度（Wischmeier & Smith，1978）。川口武雄（1957）的研究指出，只需在裸露的土地上覆盖一层落叶残体，就能将侵蚀量减少到 1/10 以下。另外，还有许多研究关注土壤侵蚀与植物覆盖之间的关系，例如，林下植被对地表结壳形成产生抑制作用（恩田裕一和汤川典子，1995）、柏树林中林下植被和落叶等地面覆盖物能够减缓地表土壤移动的功能（赤井龍男等，1981）、落叶堆积量与侵蚀沉积物之间存在相关关系（服部重昭等，1992）。川口武雄（1951）总结了之前的一些研究，将不同土地覆盖层的年侵蚀土壤深度（毫米/年）的概数分别设定为：荒废土地 10 ~ 100、裸露土地 1 ~ 10、农业用地 0.1 ~ 1、草地和林地 0.01 ~ 0.1。

非农地的 C 值大小由土地利用类型和覆盖度等因素决定，而生物结皮和砾石对 C 的影响鲜有研究。生物结皮是广泛分布于湿润地区的地被物，砾石也常常铺设于未硬底化的裸土道路，两者通过覆盖作用直接影响地面的水土流失。生物结皮的抗侵蚀能力已经得到公认并进行了许多研究（Neuman et al.，1996）。生物结皮是指由生长在土壤表面及其以下的细菌、真菌、苔藓和地衣类等个体微小的生物与土壤相互作用形成的复杂复合土层。土壤生物结皮是由丝状真菌、蓝藻、绿藻、地衣和苔藓与地表土壤颗粒（土团）缠绕形成的，对抑制土壤侵蚀具有重要作用（Valentin，2002）。生物土壤结皮有许多名称，包括隐花型、隐生物型、微生物型和微植型土壤结皮。生物结皮分布非常广泛,对极端温度和光照有较高的耐受性,可以生长于大多数的土壤类型和植物群落中,因此能够在限制维管植物生长的条件下生存。生物结皮的外观、生物量和物种组成在不同的气候条件下差异很大,这些外部和内部结构的差异导致不同的结皮类型,每种类型的生物结皮对生态、水文、侵蚀过程等都有不同影响。生物结皮相比于植物,更能有效地保护土壤免受雨滴打击,相较于枯枝落叶层,可以促进产流(樊登星等,2014)。与裸地状态相比,在真菌和藻类繁茂生长的状态下,沉积物径流量减少到 10% 以下(小山内信智等,2004)。许欢欢等(2020)认为发育 2 个月的结皮的侵蚀泥沙量与结皮覆盖度关系较不显著,当坡面结皮发育期超过 4 年后,相比于无结皮的土壤,其产沙量会降低 92%,在发育期超 10 年后,可以完全实现坡面水沙分离。

砾石经常用于道路路面铺装,并且已经有许多关于其防侵蚀功能的报告。布拉肯西克等(Brakensiek et al.,1986)建立了基于剖面砾石含量推算饱和导水率的方法。波森等(1994)证明,土壤表层砾石覆盖可以减少土壤可蚀性,并可以用指数衰减函数来定量估算。乔马等(2012)利用室内水槽试验研究发现,砾石覆盖可以减缓雨滴打击,并减少地表水流,降低径流输移能力,一定程度上可以减轻土壤侵蚀。王小燕等(2012)通过原位人工模拟降雨试验定量研究了不同降雨强度下砾石覆盖对降雨入渗、地表产流及壤中流产流的影响,结果表明砾石覆盖对入渗过程影响显著,稳定入渗速率及稳定入渗系数与砾石覆盖度呈正相关关系。赵满等(2020)采用室内模拟降雨试验方法,以土质坡面为对照,研究了 10%、20%、30% 三种砾石含量堆积体坡面的侵蚀特征,随降雨强度的增大各砾石坡面侵蚀量较土质坡面分别减少 22.4% ~ 42.6%、8.2% ~ 66.3%、2.2% ~ 56.5% 和 45.0% ~ 68.3%。

尽管《USLE 土壤调查手册》中提到了生物结皮和砾石,但是公式中没有体现具体参数。该手册中指出,当地表被 135 吨/英亩覆盖时,$C = 0.05$;当地表被 240 吨/英亩覆盖时,$C = 0.02$;当地表为没有明显森林植被覆盖的 G 型时(地表被草本、类似草本或分解中的植物残体覆盖),根据覆盖率的不同,C 值为 0.003 ~ 0.45。但是,其中并没有假定 135 吨/英亩以下的砾石或存在生物结皮覆盖的情况。覆盖与管理因子作为土壤侵蚀预报模型中差异性和变化幅度最大的因子之一，对生物结皮和砾石考虑不足，可能会影响土壤流失量的估算准确度。

1.4.5 热带雨林外来植物入侵研究回顾

1. 东南亚生物多样性现状

生物多样性从食品、燃料、药品和服装等多方面构成了我们赖以生存的生命之网。生物多样性不仅包括地球上植物、动物、微生物物种和其他形式的生物之间所存在的变异性，而且还包括物种之间以遗传多样性的形式而存在的变异性，以及生态系统层面的变异性，即物种与物种之间、物种与物理环境发生的相互作用（生物多样性公约秘书处，2010）。伴随着世界范围内的环境恶化、资源枯竭、自然灾害频发和生物种数锐减，人们逐渐意识到生物多样性的重要性。如果生物多样性的要素丧失，生态系统的承受压力能力和复原力将降低，生态系统的服务将受到威胁，同质程度越高，变化程度越低的景观或水生环境通常越容易受到疾病和极端气候等突发外部压力的影响（IPCC，2007）。生物多样性保护的具体措施主要有就地保护、迁地保护和离体保护三种方式：就地保护，即建立各类保护地，如自然保护区、国家公园、森林公园等；迁地保护，即建立野生动物园和植物园及水族馆等；离体保护，即建立遗传种质资源库、植物基因库等，其中就地保护是目前全球生物多样性保护的主要途径（生物多样性公约秘书处，2010）。

占世界森林总面积47%的热带雨林是维持丰富生物多样性的基盘（联合国粮农组织，2021）。热带森林是地球上过半数动植物物种的栖息居所，拥有世界上最多样化的动植物群的生态系统，从生物多样性的角度来看，可称之为"物种宝库"（中村浩二，1999）。虽然它们只覆盖地球上约13%的土地，但有数以百万计的生物栖息在热带森林中，如微生物、昆虫、两栖动物、蛇、鱼、鸟类、哺乳动物和灵长类动物等（生物多样性公约秘书处，2010）。东南亚的热带雨林是地球上生物多样性最丰富的地区之一，例如，被称为生物多样性大国的马来西亚，拥有 286 种哺乳动物、600 多种鸟类、300 种以上的爬行动物、超过 15000 种的高等植物和 150000 种以上的无脊椎动物（安田雅俊等，2008）。马来西亚积极推动《气候变迁框架协议》和《生物多样性公约》等国际公约，到 2019 年已加入 17 个与生物多样性相关的多边环境协定。马来西亚的生物多样性主要依托于丰富的森林资源。近年来，由于栖息地的破坏和森林退化，东南亚的生物多样性受到严重威胁。大规模的森林砍伐导致 706 种维管植物处于危险之中（Myers et al.，2000）。威胁生物多样性的因素有很多，例如气候变化、空气污染、因森林砍伐导致栖息地消失以及森林砍伐，外来物种的入侵也被认为是主要因素之一（村中孝司等，2005；Corlett，2013）。

2. 外来物种入侵内涵及现状

随着经济全球化、交通网络的发展和运输水平的提高，全球各地的生物物种不断向新的栖息地进行迁移和扩散，加剧了全球的生物入侵问题。就对全球生物多样性的损害方面而言，生物入侵被列为仅次于栖息地破碎化的第二大威胁（IUCN，2003）。生物入侵是指某种生物从原来的分布区域扩展到一个遥远的地区，在新的区域里其后代可以繁殖、扩散并维持下去（Elton，2000）。有两个重要概念与之相关：外来物种和外来入侵物种。外来物种（alien species）是指那些出现在其过去或现在的自然分布范围及扩散潜力以外的物种、亚种或以下的分类单元，即在其自然分布范围以外或在没有直接或间接引入或人类照顾之下而不能生存，包括该物种生存繁殖所必需的器官、配偶子、种子、卵，以及无性的繁殖子（日本生态学会等，2002）。尽管大多数生物在离开人类作用下很难继续传播和生存，但有些极具入侵性的外来生物可以对入侵的生态系统产生强烈影响（日本生态学会等，2002）。外来入侵物种（invasive alien species）是指由于其引入已经或拟将使经济或环境受到损害，或危及人类健康的外来物种，包括病毒、真菌、藻类、苔藓、蕨类植物、高等植物、无脊椎动物、鱼类、两栖动物、爬行动物、鸟类和哺乳动物等（McNeely et al.，2001）。长期以来花费大量人力、物力和财力都很难控制的杂草和害虫等都属于外来入侵物种。

在自然界中生物入侵是一种普遍存在的现象。原本，由于地理障碍、流动性和分散能力的制约，生物体的自由分布受到一定限制。在生物链中，竞争力强的物种排除或捕食相对弱小的物种，类似这样某一类物种处于劣势的生物间相互作用被限制于一定空间内（日本生態学会等，2002）。然而，科技的发展和交通的便利使得人为影响造成的生物入侵在数量上与范围上尤为空前。除此之外，大规模和频繁的开发活动、污染以及富营养化等人为导致的环境变化也增加了外来物种入侵的机会（鷺谷いづみ，2007）。

随着外来物种的入侵，国际上针对外来物种的努力也在不断推进。《国际生物多样性公约》第 8 条提出各国要防止外来物种的入侵并采取灭绝等措施（WRI，1992）。2000 年，国际自然保护联盟制定了防止外来物种造成生物多样性丧失的准则；2001 年，在生物多样性公约缔约方会议上，威胁生态系统、栖息地的外来物种已经通过了影响预防、引入和减轻影响的指导原则。

外来物种的入侵对基因、物种和生态系统的多样性造成影响。主要有与本地物种杂交扰乱本地种群的遗传组成，通过适应性进化建立的竞争/猎物—捕食/共生/寄生虫等种间相互作用的干扰，以及通过改变栖息地对本地生态系统的干扰（岩崎敬二，2006）。外来物种与本地物种的杂交，不仅会改变本地物种的遗传基因、扰乱遗传多样性，还会阻碍本地物种雄性和雌性之间的繁殖，导致其群体的灭绝（Pimentel et al.，2001）。如果外来物种的栖息地和食物资源与本地物种相重叠，两个物种之间就会产生竞争，从而导致本地物种减少或消失（戸田光彦和吉田剛司，2005）。还有研究者指出，外来物种会直接或间接影响入侵植物和动物的灭绝，造成森林生物多样性降低和生态系统的恶化（Fine，2002）。外来入侵物种甚至对运输、采矿和能源工业等经济发展活动造成重大损害（McNeely et al.，2001）。

20 世纪下半叶以来，外来物种入侵问题在全球许多生态系统和地区迅速增加（McNeely et al.，2001）。在美国，自 18 世纪下半叶以来，外来海洋生物的数量不断增加，包括淡水生物在内的外来水生生物对各行业造成的经济损害和控制成本总额每年增加 24 倍，预估高达 1 亿美元（Pimentel et al.，2001）。此外，外来物种通过附着在垂钓者的脚底和他们捕获的鱼类上传播到整个北美大陆，对河流环境构成严重威胁（Lagerstedt，2007）。在南非，外来物种的种植减少附近村庄的供水，增加火灾风险，并威胁当地生态系统的生物多样性（Turpie & Heydenrych，2000）。在澳大利亚，外来物种的兔子对生态系统、牲畜和野生动物产生了重大影响（Alves et al.，2022）。在日本，自 20 世纪 50 年代以来，外来物种对本地物种、渔业、能源工业等造成持续的损害（岩崎敬二，2006）。例如，日本西南诸岛的奄美大岛是许多特有物种的家园，孕育了独特的生态系统，但由于 20 世纪后半叶的经济发展，森林退化和生境破碎化以及外来物种的入侵导致难以维护地方性生态系统的完整性（石田健等，1998）。此外，由于小笠原群岛是海洋岛屿，其本土动植物极易受到外来物种的干扰。还有，父亲岛道路两侧由于游客踩踏形成裸地，导致外来物种银合欢入侵，旅游基础设施建设等旅游业发展可能会促进银合欢分布的进一步扩张（铃木晃志郎和铃木亮，2009）。

3. 外来入侵植物研究进展

（1）外来入侵植物特征。

从生物学特性角度来看，大部分入侵植物具有一定共同点。学界普遍比较认同的说法为贝克杂草特征，即外来植物入侵成功的 12 条生活史特征（Baker，1974）。特征具体包括：①生长发育快、成熟早；②种子产量高；③种子寿命长，在土壤中埋藏多年后仍能萌发；④分布区广；⑤种子有休眠特性，因而能够周期性地萌发而避免同时萌发所带来的灭绝风险；⑥种子具有适应长距离传播的机制；⑦能产生生物毒素抑制其他植物的生长；⑧有些物种具有在其他植株上寄生的习性；⑨种子大小、形状、颜色与农作物种子相似，有助于随农作物一起传播；⑩植物繁殖体常贮藏大量养分；⑪能在条件恶劣的环境中存活和繁殖；⑫光合作用速率高等。很多入侵植物具有其中一项或多项特征，如毛野牡丹藤（Peters，2001）。

(2) 外来植物入侵途径。

根据入侵途径的不同，外来植物的入侵可以分为 3 类：有意引进、无意引进和自然传播（IUCN，2003）。有意引进是指为满足农林牧渔业发展、生态环境建设和保护等生产生活的需要，通过人为引种外来植物，随后演变为外来入侵物种，如空心莲子草（*Alternanthera philoxeroides*）、加拿大一支黄花（*Solodago canadensis*）等；无意引进则是指外来入侵植物是随不同国家和地区之间的进出口贸易、轮船和旅游等人类活动传入，随后演变为外来入侵物种，如三裂叶豚草（*Ambrosia trifida*）、小飞蓬（*Conyza canadensis*）等；自然传播为外来植物通过借助风力、水流等自然媒介和昆虫、鸟类等生物媒介进行传播，常常发生于边界相邻国家，如紫茎泽兰（*Ageratina adenophora*）、薇甘菊（*Mikania micrantha*）等（刘晓玲，2011；万方浩等，2002）。

(3) 外来入侵植物对生态系统的影响。

外来入侵植物对生态系统的影响主要表现在以下几个方面。首先，对土著植物的生长、繁殖和资源分配产生强烈影响，外来入侵植物往往会排挤当地特有植物或珍稀植物，甚至能取代一般的土著植物，造成土著植物物种数量减少乃至灭绝（万方浩等，2002）。其次，入侵植物可能会改变生态系统的营养结构以及演替速率，有时甚至会改变植被群落的演替方向。例如，美国旱雀麦（*Bromus tectorum*）在入侵干旱草地生态系统 2 年后，土壤无机氮库以及土壤净矿化速率比土著物种低 50%，造成土壤贫瘠化以至于阻碍其他植物的生长（Evans et al.，2001）。豚草的生命力、竞争力及其生态可塑性极强，能够吸收大量水分和氮素，严重改变生境土壤养分结构，导致其他土著植物难以正常生长，严重破坏本地植被的结构及相关动植物区系，从而形成群落单一优势物种，使生态系统的结构与功能发生巨大变化（万方浩等，2002）。除此之外，入侵植物还能通过与土著植物的杂交对生态系统造成严重影响，由于外来入侵植物导致的生境破碎化，土著植物的生境常常被入侵植物分割、包围和渗透，从而造成土著植物种群进一步破碎化，更严重的会造成物种之间近亲繁殖和遗传漂变（Ellstrand & Schierenbeck，2000）。有些入侵植物甚至可以与入侵环境中的同属种、近缘种和不同属的种杂交，导致土著植物的遗传多样性受损（Mooney & Cleland，2001）。

（4）外来入侵植物对资源的竞争与影响。

外来入侵植物在新的生境会与本地植物竞争生存资源。一些外来入侵植物能够通过竞争光照、空间、养分、水分来影响土著植物物种（Ågren & Fagerström，1980；Wardle et al.，1995；Weihe & Neely，1997）。例如，入侵北美的旱雀麦由于具有快速的根生长能力，在野火发生之后它能够迅速长出根系消耗土壤中的水分跟养分，待其他土著植物根系恢复时土壤中可用的水分和养分已经很少，造成土著植物的迅速衰退（Evans et al.，2001）。原产南非的常春藤（*Hedera nepalensis*）在入侵加利福尼亚后与入侵生境中的土著植物产生严重的光竞争，使得土著植物消失，引起多种生境的物种组成发生改变（Alvarez & Cushman，2002）。有些外来植物通过自身的强耐受能力来竞争取胜，蓝束冰草（*Bluebunch wheatgrass*）对氮素的需求很低，在缺乏氮素的贫瘠土地上常常因压制周围土著植物而入侵成功（Mangold & Sheley，2008）。外来入侵植物与土著植物在生存资源方面的竞争研究存在一定难度，这是由于因为竞争结果常受环境因子的影响而难以辨明，所以目前关于入侵植物对资源的竞争机制还有很多谜题需要解开。

4. 国家公园外来植物入侵问题

国家公园生物多样性面临的最大威胁就是外来植物入侵。皮克林和希尔（Pickering & Hill，2007）指出，随着游客数量的增加和旅游形式的多样化，游客直接或间接地促进了外来植物的传播。根据国际自然保护联盟（IUCN）入侵物种专家组（ISSG）公布的数据资料，世界上最恶性入侵生物的前 100 种中，外来入侵植物就有 37 种，居几大类入侵生物物种之首。外来入侵植物引起的危害严重，主要是由于入侵植物在越过不可自然逾越的空间障碍后，在新的栖息地会呈爆发式增长，并且难以控制，造成严重的环境、经济与社会后果。一旦外来入侵植物在其原始栖息地之外的地区定植，几乎不可能完全消灭它（Corlett，2013）。

许多研究者表示，与国家公园森林内部相比，道路沿线的入侵植物数量更多，可利用的光线更多（Trombulak & Frissell，2000）。斯佩齐亚莱和埃斯库拉（Speziale & Ezcurra，2011）调查了阿根廷西北部国家公园中外来植物的分布与城市的距离，其中开放生态位、降水、到城市的距离和人类干扰对外来物种的入侵产生影响。还有研究者在越南国家公园的道路和小径上发现了 134 种外来植物，其中 25 种是外来入侵植物（Tan et al.，2012）。根据福克斯克罗夫特等（Foxcroft et al.，2008）的报告，外来植物分布在南非国家公园的河流和道路沿线，其中，在 36 个旅游营地和员工宿舍中发现了 258 种外来植物。丰田（豊田武司，1984）的研究表明，国家公园游步道和休息区的建立破坏了本地植被的群落，发现有外来植物已经取代了当地的土著植物。根据沃尔夫与克罗夫特（Wolf & Croft，2014）在南澳大利亚国家公园的调查，随着旅游利用的增加，道路周围外来植物的植被覆盖率和土壤硬度增加。工藤（工藤芳文，2014）调查了印度尼西亚西爪哇国家公园道路沿线的外来植物分布，在一条全长 25.2 千米的小径上发现了 31 种外来植物，其中，毛野牡丹藤出现的频度最高。国家公园的外来入侵植物防治对于维护国家公园生物多样性至关重要。在考虑外来植物问题时，什么样的物种能够成功入侵，分布在什么地方，是有效预防和管理生物入侵的基本问题，也是调查研究的重要内容。

5. 研究对象种对东南亚热带雨林系统的影响

本书关注的研究对象种为外来入侵植物毛野牡丹藤 [*Clidemia hirta* (L.) D. Don.]，俗称皂灌木或"科斯特的诅咒"，是一种对大部分热带地区的生物多样性产生威胁的新热带植物（见图 1-1）。毛野牡丹藤属于多年生种子繁殖的野牡丹科毛野牡丹属灌木，成熟体高达 5 米，根据生长条件通常在 0.5~3 米，主要由浅侧根和大量细根支撑。茎披红色刚毛，刚毛随着年龄颜色变浅。单叶对生、有柄，呈深绿色。叶卵形至长方形，接近典型的心形，多毛，表面有皱褶，从叶的基底开始有五条主要的叶脉延伸到顶，具有圆锯齿状的边缘，长度从 5 厘米到 18 厘米不等。花为圆锥花丛，直径 0.5 ~ 1 厘米，花冠由五瓣白色或粉红色花瓣组成，生于 6 ~ 20 朵花的腋生或顶生花序的短花梗上，花萼在长的壶状花冠萼筒的顶上部，有五个多毛的线圆形突出。果实（浆果）成簇结实，成熟后从绿色变成蓝黑色或深紫色蓝黑色，呈卵形，长度 6 ~ 8 毫米的果实中包含咖啡色种子 100 粒以上，种子长度为 0.5 ~ 0.7 毫米。全年开花结果，成熟的植株每季生产超过 500 个果实，种子能在土壤中保持超过 4 年的休眠状态（Peters，2001）。毛野牡丹藤在年均降水量超过 2500 毫米的区域会连续开花结果，但在年均降水量低于 1000 毫米的区域则生长缓慢，开花结果量不佳。然而，只要干旱不持续超过 6 个月，植株会在短时间之内恢复而且重新开始繁殖。

图 1-1　毛野牡丹藤

　　人为改造的热带雨林景观通常会受到外来植物的入侵，但是能够在这类雨林中定居的物种相对较少，毛野牡丹藤便是其中之一。由于其强大的入侵性，毛野牡丹藤被国际自然保护联盟入侵物种专家组选为"世界上100 种最严重的外来入侵物种"之一。毛野牡丹藤原产于热带中美洲与南美洲，从墨西哥南部到阿根廷，包括委内瑞拉与西印度群岛的岛屿延伸。目前，毛野牡丹藤已经在整个热带地区和亚热带岛屿广泛归化，包括一些太平洋与印度洋的岛屿、印度次大陆与非洲东部，如夏威夷、塞舌尔、斐济、印度、坦桑尼亚、新加坡和马来西亚（Rejmánek，1996；Wester & Wood，1977）。

　　毛野牡丹藤在其原生地被认为是牧场或农作物杂草，但是引入其他地区后却成为热带森林的主要侵略者，尤其是在海洋岛屿上。在其原生地的中美洲和南美洲，毛野牡丹藤仅生长在开阔和受干扰的地区，例如河岸和道路两侧，未在古老森林的下层发现其踪迹，原因可能是有强劲天敌的存在（DeWalt et al.，2004；Rejmánek，1996；Wester & Wood，1977）。然而，有研究者指出，在其入侵地这种外来植物已经取代了夏威夷的本地优势物种，甚至有可能灭绝本地物种（Wester & Wood，1977）。一般来说，外来植物会沿着不断受到人类和动物干扰的道路和山间开阔的溪流旁边生长（Leung et al.，2009），但实际上，只有少数侵略性外来物种会入侵尚未受到干扰的森林，其中之一便是毛野牡丹藤（Dewalt et al.，2004；Rejmánek，1996）。毛野牡丹藤具有适应性强、抗逆性强、生长速度快、耐贫瘠、耐踩踏、耐阴性强等生理特点（DeWalt et al.，2004），目前已经入侵东南亚新加坡和马来西亚未受破坏的低地热带森林（Peters，2001；Teo et al.，2003）。

马来西亚近年来经济增长显著，贸易等因素导致外来物种入侵问题的风险增加。其中，备受国内外游客关注的兴楼云冰国家公园的外来物种风险较高。事实上，在公园预调研时发现侵略性外来植物毛野牡丹藤已经广泛分布于公园的许多地段。但关于毛野牡丹藤在国家公园中的分布模式、是否与国家公园的旅游活动相关以及光环境和土壤环境对其入侵造成的影响仍有许多值得进一步探讨的地方。外来生物入侵治理时，只有尽早了解入侵种已经入侵的区域及其潜在的扩散区域，才能合理估测出其可能造成的危害，以便采取相应合理的措施（Kriticos et al.，2005）。针对毛野牡丹藤在热带地区扩散的状况和已经造成的巨大危害，有必要对毛野牡丹藤在公园的分布区域进行探查，阐明其入侵状况及影响因素，以帮助管理者制定合理的防治措施。

1.5　亟须解决的科学问题及研究思路

国内外学者在生态脆弱性、国家公园、草原退化和森林退化研究方面做了大量细致而深入的工作，取得了许多重要的研究成果，但是，由于试验条件、实验仪器及认识过程等多种因素的影响，关于旅游对草原植被群落变化、草原土壤理化性质及空间变异、热带雨林土壤侵蚀、外来植物入侵的影响研究尚有待在深度上拓展，旅游与自然生态环境之间的相互作用和联系还没有彻底弄清，需要我们进一步开展研究工作。从目前掌握的文献来看，还存在下列不足。

以往的研究主要侧重于过度放牧、过度开垦、无序采伐和过度采挖等因素的影响研究，对旅游驱动的草原退化影响和程度研究涉及较少。我国的草原退化治理措施尚未收到理想的效果。导致这个结果很重要的一个原因可能是忽视了草地退化的某些驱动因素及其影响程度，无法有的放矢地采取措施。近年来备受关注的呼伦贝尔草原的旅游过度开发可能会加剧草原退化程度。为了维持草原旅游资源的可持续发展，需要采用定量的手法阐明旅游利用对草原植被群落和草原土壤理化性质的影响程度以及空间变异特征和空间分布情况。

了解国家公园土壤侵蚀现状并根据实际情况改进优化土壤侵蚀预报模型至关重要。国家公园作为一种保护与发展有机结合的模式，在实现自然资源科学保护和为公众提供旅游休闲服务功能方面发挥着重要作用。然而，在马来西亚热带雨林的国家公园旅游活动中，道路周围的土壤可能会因游客的踩踏而固结，从而加速水土流失。为了有效防止土壤侵蚀，合理利用和管理国家公园土地资源，需要准确估算土壤侵蚀量，并量化影响土壤侵蚀量的各种环境因素。

在实际观测中发现，马来西亚国家公园道路的土壤表层有生物结皮和砾石（直径≥2 毫米的矿物颗粒）的存在，土壤侵蚀量随生物结皮和砾石覆盖度的增大而减少。但由于目前尚无合适的土壤侵蚀预报模型可用于坡面生物结皮和砾石的土壤侵蚀量估算，制约了生物结皮和砾石水土保持效应的评估，对模型预报的准确性造成影响。如何针对年均降水量大的国家公园地区，把生物结皮覆盖因子和砾石覆盖因子在方程中进行整合，建立起具有良好土壤侵蚀预报精度的模型，还有很多工作有待深入。

外来入侵植物毛野牡丹藤严重危害人类健康和生态环境，是世界公认的恶性杂草。尽管近年来国内外研究从毛野牡丹藤的生物学特性或内在优势、竞争能力进化等多个方面对其成功入侵进行了解释，但对不同干扰下毛野牡丹藤入侵机理的了解还不够系统全面，因此有必要对毛野牡丹藤在公园的分布区域进行探查，了解其入侵状况及影响其分布的环境驱动因素。

第 2 章

研究地概况

2.1　中国草原旅游景区概况

2.1.1　地理位置

本书选取中国内蒙古自治区孛儿帖民俗旅游景区（以下简称旅游区）作为研究地点。旅游区位于呼伦贝尔市陈巴尔虎旗陈巴尔中央街（49°15′N，119°11′E，海拔 626 米）。陈巴尔虎旗位于内蒙古自治区东北部、呼伦贝尔市西北部，距离海拉尔区 30 千米，总面积为 17458 平方千米，南北最长距离约 135.2 千米，东西最长距离约 180.7 千米。地形由西南向东北逐渐升高，东半部主要为大兴安岭中低山丘陵，西半部主要为波状起伏的高平原。其南部地区有一条东西走向的沙带——呼伦贝尔沙地，形成马蹄形盆地。全旗行政区内辖 3 个镇、3 个苏木、1 个民族苏木，毗邻 5 个旗、区（市），东部和东北部分别与牙克石市、额尔古纳市接壤，东南与海拉尔区毗邻，南边接着鄂温克族自治旗，西与新巴尔虎左旗交接，西北与俄罗斯联邦隔额尔古纳河相望，中俄边境线总长 206.7 千米。

2.1.2　气候条件

研究区属中温带半湿润和半干旱大陆性气候。由于纬度高，夏季阳光

集中。根据当地气象局的统计数据，年平均气温 – 5.6℃，年平均降水量
272.8 毫米。长时间的日照时间从 2700 小时到 3400 小时不等。据气象站
观测，最冷的 1 月平均气温为 – 27.9℃，最热的 7 月平均气温为 19.6℃。
年平均风速高达 3.5 ~ 4.0 米/秒，主导风向为西北、西南，大风日多发生
在春秋两季，春季平均风速为 5.1 米/秒，秋季平均风速 3.8 米/秒，每月
日平均风速大于或等于 8 米/秒的日数为 18 天左右。

2.1.3 植被类型

研究区位于呼伦贝尔草原核心腹地。呼伦贝尔草原面积辽阔，地势平
坦，总面积 756.09 万公顷，是世界著名的天然牧场，有"牧草王国"之
称，也是中国当今保存最好的草原（赵一之，1987）。草原上目前共有
维管植物 112 科 568 属 1652 种，其中国家二级重点保护野生植物有 32 种，
包括大花杓兰、紫点杓兰、钻天柳、草丛蓉等。有木本植物 35 科 65 属
156 种，其中国家重点保护野生植物 2 种，自治区级珍稀野生植物 9 种
（呼伦贝尔市统计局，2022）。由于气候、土壤等生态条件的规律性变化，
地带性植被从东向西明显地分为温性草甸草原和温性典型草原，隐域性植
被为低平地草甸、山地草甸和沼泽。

（1）温性草甸草原类：面积 141.90 万公顷，占呼伦贝尔草原总面积
的 18.07%。该类草原包括三个亚类，即平原及丘陵温性草甸草原（71.81
万公顷，占总面积的 9.14%）、山地温性草甸草原（49.26 万公顷，占
6.27%）和沙地温性草甸草原（20.83 万公顷，占 2.65%）。草群草层高
度 20 ~ 60 厘米，盖度 50% ~ 80%，1 平方米种的饱和度在 20 种左右，优
势植物主要有日荫菅（*Carex pediformis*）、线叶菊（*Filifolium sibiricum*）、贝
加尔针茅（*Stipa baicalensis*）、羊草（*Leymus chinensis*）等。

（2）温性典型草原类：面积 431.41 万公顷，占呼伦贝尔草原总面积的
54.93%。该类草原包括两个亚类，即平原及丘陵温性典型草原（401.29 万
公顷，占总面积的 51.10%）和沙地温性典型草原（30.12 万公顷，占
3.83%）。草层高度 15 ~ 45 厘米，盖度 40% ~ 65%，1 平方米种的饱和度 10 ~

20 种。优势植物主要有羊草、大针茅（*Stipa grandis*）、克氏针茅（*Stipa kryrowii*）、糙隐子草（*Kengia squarrosa*）、冷蒿（*Artemisia frigida*）等。

（3）低平地草甸类：面积 126.47 万公顷，占呼伦贝尔草原总面积的 16.11%。该类草原包括三个亚类，即平原草甸（50.06 万公顷，占总面积 6.38%）、低地盐生草甸（69.90 万公顷，占 8.90%）、低地沼泽草甸（6.51 万公顷，占 0.83%）。草层高度 30～100 厘米，盖度 80%～95%，一平方米种的饱和度在 10 种左右，优势植物主要有红顶草（*Agrostis gigantea*）、碱蓬（*Suaeda heteropera*）、碱茅（*Puccinellia tenuiflora*）等。

（4）山地草甸类：面积 38.94 万公顷，占呼伦贝尔草原总面积的 5.15%。草层高度 40～60 厘米，盖度 85%～100%，1 平方米种的饱和度在 20 种以上，优势植物主要有日荫菅、山野豌豆（*Vicia amoena*）、地榆（*Sanguisorba officinalis*）、拂子茅（*Calamagrostisepigejos*）、无芒雀麦（*Bromus inermis*）等。

（5）沼泽类：面积 17.38 万公顷，占呼伦贝尔草原总面积的 2.30%。草层高度 50～150 厘米，盖度 95%～100%，1 平方米种的饱和度在 10 种以下。优势植物主要有塔头苔草（*Carex appendiculata*）、大叶樟（*Deyeuxia langsdorffii*）、芦苇（*Phragmites australis*）、扁杆镳草（*Scipus pianiculmis*）等。

2.1.4 土壤类型

研究区所在的呼伦贝尔市土壤类型种类繁多，按照全国第二次土壤普查分类系统划分有棕色针叶林、灰色森林土、沼泽土等 15 个土类、43 个亚类。其中耕地土壤有 11 个土类、28 个亚类、54 个土属、138 个土种，主要有暗棕壤、黑土、黑钙土、草甸土、沼泽土、灰色森林土、栗钙土和棕色针叶林土，占耕地总面积的 98.96%。暗棕壤分布在大兴安岭东侧低山丘陵，处于黑土带之上，有 3 个亚类，是全市面积最大的土类；黑土分布在大兴安岭东麓丘陵地带，有 3 个亚类，成土母质多为黏质的河湖相或冰水沉积的黄土状物；黑钙土分布在大兴安岭西麓的低山和丘陵区，有 2 个亚类，成土母质以黄土状物为主，其次为残积物、坡积物和冲积物等；

灰色森林土分布在大兴安岭西坡森林草原一带，有 1 个亚类；栗钙土分布在呼伦贝尔高平原，有 2 个亚类；在各地带性土壤中分布有草甸土、沼泽土等隐域性土壤。

2.1.5 旅游发展概况

呼伦贝尔草原以草原自然文化和少数民族民俗风情为特色开展草原生态旅游。20 世纪 90 年代，内蒙古自治区随着基础设施的完善，国内旅游市场快速发展，旅游开发和旅游设施建设增加（中国国家旅游局和中国国家统计局，2010）。1999 年，呼伦贝尔市入选国家级生态示范区。2003 年公布的《呼伦贝尔市旅游发展综合规划》显示，全年旅游人数达到 201.3 万人次。2005 年呼伦贝尔草原被《中国国家地理》评选为中国最美草原，大量游客涌入呼伦贝尔草原，当地经济得到显著发展（杜卫红，2009）。此后，游客人数和旅游总收入稳步增长。2023 年，呼伦贝尔市已创建国家级、自治区级文旅品牌 47 个。其中有 2 个国家级滑雪旅游度假地，呼伦贝尔冰雪旅游十佳城市实现七次蝉联。市内文旅市场主体达 1320 家，A 级景区、星级饭店、旅行社等达 623 家。国家统计局资料显示，2023 年 1 月—10 月，呼伦贝尔全市接待游客 2510.92 万人次，旅游收入 437.36 亿元。目前当地已开发最美北疆边境自驾游、红色文博历史研学游、极致草原多彩非遗游、驭马骑行体验游、旅游列车高端度假游等十大文旅精品线路，根河市、扎兰屯市、额尔古纳市等六大避暑康养地，海拉尔国家森林公园、红花尔基樟子松国家森林公园、凤凰山滑雪旅游度假区等 10 个避暑康养景区，以及森林木屋、星空牧场等 7 个避暑康养特色民宿。鄂伦春自治旗、阿荣旗等 4 条线路入选文旅部旅游精品线路。

研究对象区于 2008 年开始营业，面积约 5 平方千米，旅游模式以游览观光接待为主，景区占地总面积约 5 平方公里。旅游活动主要集中在每年的 6 月下旬至 8 月下旬，植被生长旺盛期与旅游活动旺季同步，其他时间由于气候等原因暂时停止对外营业。据旅游区管理者统计，日平均接待游客数约 800 人。笔者走访旅游区管理者得知，在景区创建之前该区域草地为当地牧民的牧场，每年 8 月中旬会收割禾本科植物羊草 ［*Leymus chinensis* (Trin.) Tzvel.，禾本科赖草属］以备牛羊过冬粮食之需。

2.2　马来西亚热带雨林国家公园概况

2.2.1　地理位置

本书选取马来西亚半岛柔佛州东北部的兴楼云冰国家公园（南纬 2°31′，东经 103°24′，海拔 40 米；Endau Rompin National Park）作为研究地点。该公园坐落在彭亨州和柔佛州两州的交界处，位于丹纳瑟林山南麓，横跨柔佛东北部的塞加马特和默辛区，以及彭亨南部的龙平区。在柔佛州范围内的公园有两个旅游区：斯莱区和佩塔区。斯莱区占地 29343 公顷，佩塔区占地 19562 公顷。公园有两个官方入口，一个是位于默辛区东部边界沿着的佩塔入口，另一个是位于塞加马特区西南边界的斯莱入口。

2.2.2　气候条件

研究区位于热带地区，属赤道气候。月平均气温为 26℃ ~ 28℃，雨季最低。全年气温和湿度都很高，降水量很大，西海岸的平均降水量为 2000 ~ 2500 毫米，而东部的平均降水量更高，兴楼和边佳兰每年的降水量超过 3400 毫米。国家公园年降水量 2000 ~ 3600 毫米。每年经历两个季风季节——东北和西南季风季节，东北季风发生在 11 月至次年 3 月，而东南季风发生在 5 月至 9 月，季风季节的过渡月份是 4 月和 11 月。

2.2.3　植被类型

佩塔区域拥有丰富的植物群落和多种具有重要保育价值的物种。公园中最广泛分布的是低地龙脑香科树木，通常在 300 米以下占主导地位，是地球上物种最丰富的陆地生态系统之一。公园砂岩高原上分布着石楠林，这种森林类型包括低矮、小冠的树木和能够在营养不良的环境中生存的植物，比如食肉猪笼草和附生蚂蚁植物。公园及其周边地区几乎完全由扇棕榈林这一单一物种组成，该物种也是柔佛部分公园的标志。另外，公园按常见程度排列的大树科包括：龙脑香科（7属23种）、伞科（4属11种）、漆树科（12属20种）、豆科（8属10种）、山楂科（4属8种）、木犀科（2属2种）、酢浆草科（1属1种）、木棉科（2属2种）、夹竹桃科（2属3种）和梧桐科（3属6种）。根据以往的记录，药用植物种类繁多，包括治疗常见病的植物52种，含有生物碱、皂苷、三萜和类固醇的植物118种，具有药用价值的棕榈树10种，以及当地社区常用的药物、建筑和仪式植物160种。

2.2.4　土壤类型

研究区域的土壤可以根据其母质分为两大类：沉积土壤和冲积土壤。沉积土壤是在风化母质或岩石上原位发育的土壤，由火成岩、沉积岩或变质岩风化而成，一般出现在起伏陡峭的地形上。沉积土壤在质地、颜色和土壤深度方面各不相同，因为该土壤是在不同类型的岩石上形成的，并受到斜坡性质、气候和地貌过程的影响。冲积土壤一般出现在水平到平缓起伏的地形上，起伏幅度小于2米，通常具有高的淤泥/黏土比和耐候矿物，特别是云母片。土壤的透水状况从差到非常差不等。土壤质地从砂质壤土、砂质黏壤土、黏土和重黏土变化。

2.2.5　旅游发展概况

兴楼云冰国家公园成立于1993年，占地面积488平方千米，森林年龄已经有24800万年的历史，是马来西亚半岛南半部最大的保护区，被誉为世界上历史悠久的热带雨林，也是马来西亚仅存的低地热带雨林之一，是仅次于大汉山国家公园（Taman Negara）的马来西亚第二大国家公园。该公园是苏门答腊犀牛、马来貘等受全球威胁的巨型稀有物种生存的重要栖息地的家园，周围环绕着以龙脑香科物种为主的热带雨林。2022 年，该公园被宣布为东盟遗产公园。东盟遗产公园是为保护生态系统和生物多样性作出了宝贵贡献的具有高度保护重要性的保护区。

　　公园由柔佛州国家公园公司（Johor National Park Corporation，JNPC）管理，该公司于 1989 年根据柔佛州国家公园法成立。为了保护原始森林自然环境，公园仅开放有限的区域用于生态旅游。游客必须持有 JNPC 的特别许可证，方可进入公园。公园自 1993 年 9 月以来一直向公众开放，近年曾因洪灾短暂闭园。在 11 月至次年 3 月的季风季节，公园不对外营业。根据 JNPC 的数据，每年约有 4000 名游客参观。一般来说，5 月的游客人数最多（每月 500 ~ 700 人），而 12 月和 1 月是雨季高峰期，游客人数最少（每月 < 100 人）。2005 年约有 7000 名游客，但 2007 年减少到 3500 人。其中，欧美游客占 20% ~ 30%，马来西亚和新加坡游客占 70% ~ 80%，有许多当地的学生来公园参加自然教育活动。公园入口处附近有一个名为甘榜佩塔（Kampung Peta）的村庄，居住着当地的原住民 34 户 300 人（2012年记录），大部分原住民在公园从事向导工作。公园提供的主要旅游活动类型包括森林徒步探险、露营、泛舟、瀑布戏水、原住民文化体验和自然教育，在佩塔地区，从瓜拉贾辛（Kuala Jasin）露营地穿越热带丛林徒步到瓜拉马隆（Kuala Marong）露营地再到乌北古灵（Upeh Guling）瀑布的水池游泳是很受欢迎的活动。露营地有完备的露营设施，可供 250 ~ 300 人使用。

第 3 章

中国内蒙古草原旅游活动对草原退化的影响

3.1 样地基本情况

为了研究旅游者的踩踏行为对半干旱地区温带草原植被生长、群落结构以及土壤理化学性质等的影响，笔者分别于 2010 年 7～8 月、2011 年 7～8 月、2014 年 8 月，在中国内蒙古自治区孛儿帖民俗旅游景区（以下简称旅游区）进行野外采样和调查工作。对研究地进行全面踏查后，在综合考虑地形、海拔、土壤类型等因素的基础上，选定具有代表性的平坦草地设置样地。根据是否存在旅游者步行、骑马和草地摩托车等旅游活动的划分标准，分别将样地设置在游客活动密集的旅游区和没有旅游干扰的旅游区外部草地，即利用区和非利用区。两个样区的地形和气候条件相似，利用区包括一组以大蒙古包①为中心的混凝土建造的蒙古包群②，各个蒙古包之间铺设了供游客和员工使用的混凝土小径，区内还设置了小型篝火台、敖包③和马厩等，游客可以在园区内自由游览活动，骑马的活动范围仅限于区内草地和游道；非利用区，即对照区，几乎没有放牧和旅游等人

---

① 游牧部落的传统住所，此处用作游客服务中心。
② 餐厅和客房。
③ 圆锥形或圆柱形的高石堆，是蒙古人的祭祀物或祭坛，同时也是路标和界碑。

为干扰。对照区选取位于旅游区以西和以南的草地，通过简易围栏与旅游区隔开，根据当地牧民获知的消息以及现场勘察，此地偶有附近牧民的牛群经过。另外，由于该区域草丛密集且充斥着大量蚊虫与家畜粪便，大部分从城市而来的游客不会主动走进这片区域，而游客的骑马等活动也基本上被限制在景区内。

3.2　野外采样和数据处理

3.2.1　植被调查与数据处理

植被野外调查采用样方调查法，在利用区和非利用区分别设置 5 个 50 厘米 × 50 厘米的样方，相临样方间隔不少于 20 米，对样方内所有植物的名称、种类、高度、密度进行统计，通过目测法估算样方内植物在地面上的投影面积得出植被覆盖度。为了获取植株地上现存量，传统植物学调查会在植被调查时将样方内所有植物齐根剪下，实时称取植被的鲜重，并用烘箱烘干取出后称量获取植物的干重。为了维持旅游区景观的完整性，本章未对样方内植被进行齐地面刈割，而是将样方分割成 10 厘米 × 10 厘米的小网格，以便对每个网格中出现的植被进行统计调查。地上部生物量根据 2010 年预调研的结果，按照以下公式估算：

$$B_i = \beta_i \times H_i \times N_i$$

其中，B_i 为 $i(g)$ 种植物的地上部生物量估算值，β_i 为根据预调研结果计算得出的 i 种植物每单位的株数和草高的地上部生物量（克/株·厘米），H_i 为 i 种的平均株高（厘米），N_i 为 i 种的株数（株）。

选取香农和维纳（Shannon & Weaver, 1949）的多样性指数来测度和分析群落物种多样性特征。H' 由下式表示：

$$H' = -\sum_{i=1}^{s} p_i \ln p_i$$

其中，S 为物种的数量，p_i 为第 i 个物种的生物量占群落总生物量的百分比。

群落的优势种采用大泽（Ohsawa，1984）的优势种确定法。优势种确定法是将各样方的实际相对优势度的分布状态与优势种数的模型中的分布状态进行比较，将偏差最小的优势种数命名为优势型的方法（Ohsawa，1984）。该方法利用下式求出表示最小方差 σ^2 的种数的理论值，将相对优势度最高的物种判定为优势物种：

$$\sigma^2 = \sum_{i=1}^{x} (x_i - x)^2 / Ns$$

其中，x_i 是从最高位开始算起第 i 种群落物种的相对优势度（是指当群落所有物种的植被率的总和为 100 时，每个物种的植被率的相对值），x 是由群落中物种数量决定的理论值（一个物种为 100，两个物种为 50，三个物种则为 33.3），Ns 是物种总数。

3.2.2 土壤取样

在全面踏查两个样区的基础上，确定旅游者对草原土壤的主要影响范围。为了掌握旅游者的踩踏压力对表层土壤物理性质造成的变化，在利用区和非利用区测定土壤硬度。在对未知区域进行初次探查时，覆盖整个研究区的均匀网格布点法是较为常用的方法。在综合考虑采样点数量和采样间距后，确定采样间距为 20 米。具体来说，在两个样区设置 20 米 × 20 米（400 平方米）的网格，以网格之间的交汇处为采样点，使用山中土壤硬度计（No.351，藤原制作所，日本产）来测定土壤硬度，每个采样点反复测量 5 次，共计 434 个采样点。将山中土壤硬度计先端的圆锥体（高 40 毫米，底座直径 18 毫米，顶角 25°22′）垂直压入土壤中，通过弹簧的收缩长度读取压入土壤时所需的阻力，硬度越高，数值越大（山中金次郎和松尾宪一，1962）。土壤硬度通常使用硬度指数来表示（单位为毫米），即某一硬度对应的弹簧收缩长度的最大值。采样同时，记录采样点经纬度位置（水平方向上 5 米精度的手持 GPS）、海拔高度、土壤类型、土地利用类型、植被种类、植被盖度、坡度、坡向、人为影响等信息。

为了确定旅游利用对土壤理化学性质的影响，在两个样区分别进行
1 米深的土壤剖面调查，按照《土壤调查手册》（日本ペドロジー学会，
1997）的方法对剖面进行分层，查验每层土壤的实际状态。使用直径为 5
厘米的采土环刀在高度 1 米的断面内按垂直方向分别采集各层的土壤样品，
每层采集 5 个样品，经过均匀混合后用四分法获得一个土壤样品，两区共
采集 13 个土壤样品。两个样区的断面位于同一块没有凹凸的平地上，相距
约 200 米。

3.2.3　土壤理化分析

将断面的所有土壤样品带回实验室，风干后过筛，对风干后 2 毫米及
以下的细土进行一般理化学性各项指标的分析。土壤样品的分析均遵循
《日本土壤环境分析法》的有关方法进行测定（土壤環境分析法编集委员
会，1997）。测定指标包括：土壤有机碳含量（Organic Carbon，OC）、碳
酸钙含量（Calcium Carbonate）、全氮含量（Total Nitrogen，TN）、易降解
有机物含量（Easily – degraded Organic Matter）、阳离子交换容量（Cation
Exchange Capacity，CEC）、pH 值、电导率（EC）。有机碳含量采用图林法
（チューリン法）测定。碳酸钙含量采用土壤分析程序第 6 版（Van Reeu-
wijk，2002）中推荐的中和滴定方法计算碳酸盐的含量，即碳酸钙滴定值。
全氮含量使用元素分析装置（NC – 800 – 13N，住化分析センター）利用
干式燃烧法（乾式燃焼法）测量，C/N 比为 OC 与 TN 之比。另外，作为
易降解有机物数量的指标，比重 1.6 以下的轻组分碳和轻组分氮（Light
Fraction Carbon，LFC；Light Fraction Nitrogen，LFN）按照角野等人（Kado-
no et al.，2008）的方法测定。交换性阳离子（Na^+、Ca^{2+}、Mg^{2+}、K^+）用
pH 7 – 1N 醋酸铵溶液处理后，使用原子吸收分光光度计（AA – 160，岛津
製作所）测定。之后，先将上述交换性阳离子的萃取残渣用酒精冲洗，再
使用凯氏定氮仪蒸馏铵离子提取液，以滴定法测定阳离子交换容量。关于
粒度组成，黏土和粉砂含量采用移液管法（ピペット法）测定，细砂和粗

砂含量采用湿筛法（湿式篩別法）测定。考虑到表层土壤的吸水率较高，pH 值（H_2O）按照 1 : 5 土水比采用玻璃电极法（ガラス電極法）测定。电导率同样采用 1 : 5 土液比通过水浸法（水浸出法）测定。

3.2.4 统计处理

采用独立样本 t 检验对不同利用区的植被盖度、物种数量、多样性指数、优势种高度和株数以及土壤硬度的平均值进行显著性检验。当样本量大于或小于等于 2000 时，使用单个样本的 K – S 法（Kolmogorov – Smirnov test）检验各组数据是否服从正态分布，对于不服从正态分布的数据，使用自然对数转换或者平方根转换方法，使其满足经典统计分析对正态性的要求。采用独立样本 t 检验对不同利用区的植被盖度、物种数量、多样性指数、优势种高度和株数以及土壤硬度的平均值进行显著性检验。显著性水平设定为 $p < 0.05$。采用 Pearson 相关分析法对土壤硬度与植被盖度之间进行相关性分析。上述描述性统计均使用 R2.12.2 软件进行统计分析。

3.2.5 土壤空间依存性解析

为了分析伴随旅游利用的土壤硬度的空间变化，使用地质统计学分析软件 GS + Version 9 对土壤硬度数据进行半方差函数分析，比较不同利用方式下草地土壤养分空间变异特性，通过对比不同模型类型的 R^2，找出最优的半方差函数拟合模型。统计学家马瑟隆（Matheron）在 20 世纪 60 年代创立地质统计学，被广泛应用于土壤学、矿物学和地理学等学科，用于解决具有随机性和空间相关性两重性质的变量问题。地质统计学是一种分析变量值的空间分布依赖性，并预测其空间变化，同时评价变量值的空间变异性和异质性的方法，主要在区域空间内，通过所选区域尺度、检测点距离等因素，建立变异函数模型，对变量的空间关系进行研究（矢内純太和小崎隆，2000）。

1. 半方差散点图

半方差散点图通常被用于分析变量值的空间依存性。首先需要计算半方差函数，半方差函数是解释土壤属性空间结构关系的方法，被定义为区域化变量的增量方差的一半。区域化变量是在空间上与其位置相关的变量，其变化遵循一定的规律并与其所处的空间位置相对应，同时具有空间分布结构性与随机性特点。半方差函数可以分析成对数据值之间的差异与每个样本对之间的距离，并给出变量的空间结构以及与最近点的相关性，半方差函数的计算公式如下：

$$\gamma(h) = \frac{1}{2N(h)} \sum_{i=1}^{N(h)} \left[Z(x_i) - Z(x_i + h) \right]^2$$

其中，$\gamma(h)$ 是样本的半方差函数值；h 是取样点之间的间隔距离，又称位差（Lag），即滞后距离；$N(h)$ 是间隔距离为 h 的样本的成对数目；$Z(x_i)$ 是采样点 x_i 处的测定值；$Z(x_i + h)$ 是采样点 $x_i + h$ 处的测定值。

通过实际采样数据算出的半方差散点图以 $\gamma(h)$ 为纵轴，h 为横轴，由一系列离散点构成 $\gamma(h)$ 随 h 增加的变化曲线，表示在一定距离上所有分析值组合的差值平方的平均值与距离的关系。半方差散点图根据半变异函数的结果选择用直线或曲线等方程拟合，得到在空间上连续的半方差曲线，这种方程即为半方差函数理论模型。土壤学通常使用球形模型（spherical model）、指数模型（exponential model）、高斯模型（Gaussian model）、线性模型（linear model）四种理论模型进行拟合，最优拟合模型的选择标准为具有最大值的决定系数。

半方差散点图分析结果主要由 3 个参数体现：块金值（N）、基台值（S）、变程（R）。块金值表示随机变异，理论上采样点间的距离为 0 时，半变异函数值应该为 0，但由于存在测量误差和空间变异的原因使两个采样点非常接近时，它们的半变异函数值不为 0，即存在块金值。测量误差是仪器内在误差引起的，空间变异则是在一定空间范围内的自然现象变化，二者之一均能产生块金效应。基台值用于衡量区域化变量变化幅度的大小，当滞后距离无限增大并到达某一程度后，变异函数若趋于平稳，则这一平稳水平所对应的数值即为基台值。变程表示区域化变量自相关范围的大小，变程范围内变量值的变动与样本间的距离相关，其中，小于变程的距离所对应的样本位置与空间自相关，而大于变程的距离所对应样本位置不存在空间自相关。

2. 空间依存性指标值

根据上述最优拟合模型的结果计算出空间依存性的两个指标值：变程和 Q 值。变程表示空间依存性的距离范围。Q 值表示空间依存性的程度，取值从 0 到 1，由下列公式计算得出：

$$Q = \frac{S - N}{S}$$

其中，N 是块金值，S 是基台值。Q 值越小，表示相近样点之间的变量值的分散程度越大，变量值以随机状态呈现；Q 值越大，代表相近样点之间的变量值的分散程度越小。也就是说，Q 值越接近 0，空间依赖性越低；Q 值越接近 1，空间依赖性越高。

3.3 结果与讨论

3.3.1 草原植被对旅游利用的响应

1. 物种组成的变异特征

本书共调查野外植物 17 种，隶属 10 个科、15 个属，全部为草本植物，调查结果见表 3 - 1。两个样地多年生草本植物的出现频度最高，其次是一年生草本和一至二年生草本植物。其中，以多年生杂类草本植物为主，有 10 种，占调查植物总数的 58.8%；其次为禾本科植物，有 3 种，占比 17.7%。这表明多年生杂类草和禾本科草本植物更能够适应呼伦贝尔地区的自然环境条件，且具有较为稳定的多样性。物种数最多的 4 个科，分别为菊科（Asteraceae）、禾本科（Gramineae）、石蒜科（Liliaceae）、豆科（Leguminosae）、藜科（Chenopodiaceae），其余科物种数均为一种。物种数最多的前 2 个属分别为蒿属（Compositae）、葱属（Liliaceae），其余属物种数均为一种。其中利用区共有植物物种 9 种，隶属 7 科 9 属，主要建群植物为寸草苔、羊草、贝加尔针茅、糙隐子草。非利用区共有植物物种14 种，隶属 8 科 13 属，主要建群植物为寸草苔、羊草、贝加尔针茅、糙隐子草和地肤等。

表 3-1　　　　　　　　各区物种组成和株数变化特征

植物名	拉丁名	生活型	科	属	利用区		非利用区	
					数量（株）	占比（%）	数量（株）	占比（%）
羊草	Leymus chinensis	多年生	禾本科	赖草属	168	5.5	225	15.4
贝加尔针茅	Stipa baicalensis	多年生	禾本科	针茅属	32	1.0	67	4.6
糙隐子草	Cleistogenes squarrosa	多年生	禾本科	隐子草属	102	3.3	94	6.4
寸草苔	Carex duriuscula	多年生	莎草科	苔草属	2763	89.7	939	64.1
野韭	Allium ramosum	多年生	石蒜科	葱属	6	0.2	8	0.5
双齿葱	Allium bidentatum	多年生	石蒜科	葱属	0	0.0	1	0.1
冷蒿	Artemisia frigida	多年生	菊科	蒿属	3	0.1	0	0.0
黄蒿	Artemisia scoparia	多年生	菊科	蒿属	0	0.0	3	0.2
麻花头	Serratula centauroides	多年生	菊科	麻花头属	0	0.0	1	0.1
长柱沙参	Adenophora stenanthina	多年生	桔梗科	沙参属	3	0.1	0	0.0
柴胡	Bupleurum scorzonerifolium	多年生	伞形科	柴胡属	1	0.0	8	0.5
扁蓄豆	Polygonum aviculare	多年生	豆科	苜蓿属	2	0.1	0	0.0
紫苞鸢尾	Iris ruthenicar	多年生	鸢尾科	鸢尾属	0	0.0	4	0.3
狗舌草	Tephroseris kirilowii	一年生	菊科	狗舌草属	0	0.0	3	0.2
地肤	Kochia scoparia	一年生	藜科	地肤属	0	0.0	109	7.4
小花糖芥	Erysimum cheiranthoides	一年生	十字花科	糖芥属	0	0.0	1	0.1
黄香草木犀	Melilotus officinalis	一至二年生	豆科	草木犀属	0	0.0	2	0.1
合计					3080	100	1465	100

从各科属出现的频度来看，利用区主要以莎草科的寸草苔，禾本科的羊

草、贝加尔针茅、糙隐子草为主。非利用区以莎草科的寸草苔，禾本科的羊草、贝加尔针茅、糙隐子草以及藜科地肤为主。利用区禾本科植物种数最多（3种），非利用区菊科植物和禾本科植物种数最多（各3种）。旅游区草地植被低矮稀疏，植被覆盖低，主要植物种类为寸草苔、羊草、贝加尔针茅、糙隐子草，其他伴生种为柴胡、野韭、扁蓿豆、冷蒿、沙参等，非利用区植物种类以寸草苔、羊草、贝加尔针茅、糙隐子草、地肤为主，伴有黄蒿、柴胡、黄香草木犀、狗舌草、小花糖芥、野韭、双齿葱、麻花头等。

孙达飞等（2018）的研究结果发现，草原旅游显著降低了草地植物物种丰富度、多样性指数和地上生物量，但对草地均匀度指数和枯落物生物量影响不显著。宁璐等（2023）发现在旅游干扰下荒漠草原优势种仍以禾本科植物为主，但原有优势种豆科植物短翼岩黄芪，在旅游扰动下已变为非优势种。张桂萍等（2005）发现，随着旅游干扰强度的增加，高山草甸草原主要优势科所含种数略有减少，植被相对盖度和相对高度均呈减少趋势。刘忠宽等（2006）研究了放牧对草地植被物种组成的变化的影响，主要反映在多年生草本植物数量的减少，以及一年生草本植物的增加。前人的研究证明放牧和旅游活动对不同草原植类型的植被群落种组成的影响存在一定差异，旅游活动会简化草地植被结构。在本章中，随着旅游干扰强度的增加，多年生莎草科苔草属植物出现频度增加，而其他科属的植物的频度呈现减少趋势。寸草苔在利用区和非利用区中出现频率最高，在利用区发现2763株（占利用区总数的89.7%），在未利用区发现939株（占未利用区总数的64.1%）。这说明植物对旅游干扰的耐受性及种间的竞争力存在一定差异，旅游活动频度的增加会促进耐踩踏物种对当地物种的替代，证明旅游扰动改变了研究区原有的群落组成。

2. 群落优势种的变异特征

根据优势种判定法的结果，非利用区的优势种为寸草苔和羊草，而在利用区，只有寸草苔为优势种。寸草苔与冷蒿、星毛委陵菜一样，被认为是草原退化的指示植物（李博，1997）。笔者通过走访当地大学相关研究方向的教授得知，研究区属于羊草、贝加尔针茅种群的典型草原群落，作为群落建群种的优良牧草禾本科植物羊草、贝加尔针茅应该占据优势地位。根据分析结果可以推断随着旅游利用频率的增加，植被群落由原本以多年生禾本科植物的构成被草原退化指标植物所取代。另外，特别是在利用区，寸草苔的相对优势度非常高（最高在样方中占97%），这表明旅游利用对植物生长造成直接影响，导致植被群落组成的单一化。

如图3－1所示，对各区原本的优势种羊草、贝加尔针茅以及实际优势种寸草苔的草高进行分析发现，利用区的优势物种的草高明显低于未利用区，在统计学上有显著差异，这说明旅游者的踩踏行为对植被高度产生显著影响。当植物受到踩踏等物理压力时，草高、叶长、叶片数和叶面积等生长量会明显下降，与无踩踏压力相比，光合作用的速度也会下降到原本的1/2以下，茎叶会生成一种乙烯的植物激素对植物地上部分的生长产生明显抑制作用，从而对植物的生长产生影响（近藤三雄，1984）。由于研究区的营业期间（6月下旬至8月下旬）与植被生长期重合，因此认为游客的踩踏对植被生长产生了重大影响。

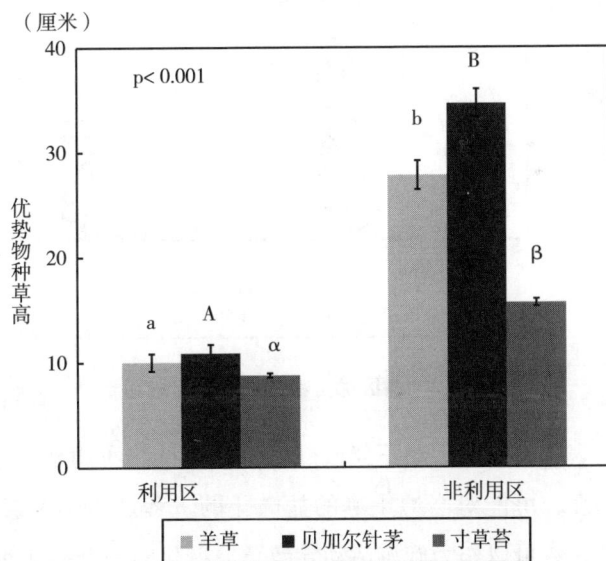

图 3－1　各区优势物种草高差异特征

注：误差棒代表1个标准误。不同字母表示独立样本 t 检验的结果，即在确定的显著水平上，优势种特性具有显著差异的不同区域。下图同。

如图 3 - 2 所示，利用区的羊草和贝加尔针茅的株数与非利用区之间在统计学上没有显著差异，然而，利用区的寸草苔株数显著高于非利用区。这是因为旅游区创建时在四周围设了栅栏，非利用区的旅游压力较低，植被正处于恢复过程中。羊草和贝加尔针茅是多年生草本植物，可在碱性土壤的干旱草地和荒坡上生长。这两种草具有很高的营养价值和牲畜喜好，在放牧压力较小的地区占主导地位。另外，寸草苔是多年生莎草科苔草属的盐碱地植物，通常分布在路边、沙质土壤和干燥地区生长。当土壤盐碱化时，它的数量也会相对增加，然而当土壤进一步盐碱化时，它会成为群落中的第一优势物种（李永宏，1995）。因此，就株数而言，比起羊草和贝加尔针茅，寸草苔更容易对旅游利用产生响应。

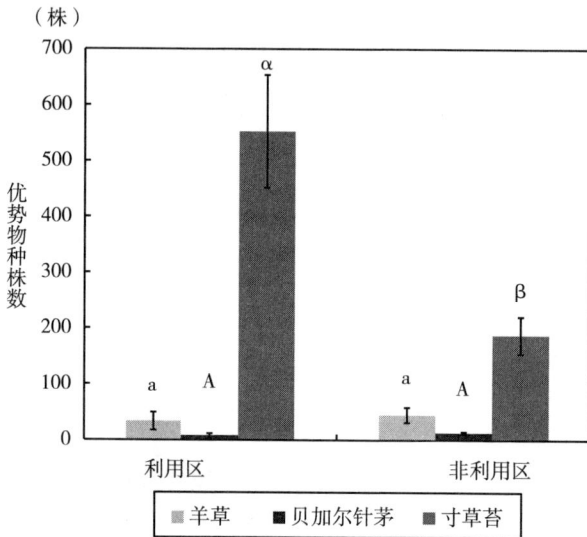

图 3 - 2　各区优势物种株数差异特征

上述结果表明，旅游活动不仅改变了利用区的物种组成，还降低了植被优势种的高度，可能对当地土壤的盐碱化的进程产生不利影响。同时，揭示寸草苔的株数可以作为旅游活动导致草原退化的一个指标使用。

3. 植被群落结构与多样性的变异特征

如表 3 - 2 所示，对不同利用方式下草地植被的种数、盖度、地上生物量和多样性指数进行测算统计发现，利用区的种数为 9 种（平均值为 5 种），非利用区为 14 种（平均值为 8 种），虽然利用区的种数有下降倾向，但不同利用方式下草地植被种数不存在显著性差异。不同利用方式下的草地植被盖度之间存在显著性差异（$p < 0.05$），表现为利用区植被盖度显著低于非利用区（$p < 0.001$）。利用区植被较少，植被覆盖率为 48%，非利用区植被长势相对良好，植被覆盖率为 72%。游客经常聚集的敖包和马场经常看到不同程度的斑块，分别为 55% 和 40%。这表明植被覆盖率随着旅游频率的增加而降低。利用区的平均地上部生物量为 44.0 mg · ha^{-1}，非利用区为 65.0 mg · ha^{-1}，不同利用方式下的草地地上部生物量之间存在显著性差异（$p < 0.001$）。从这个结果可以发现，旅游利用的频率越高，植被的地上生物量越低。

表 3 – 2　　　　　　　　　各区群落结构与多样性指数特征

指标	利用区	非利用区	
	平均值 ± 标准误差	平均值 ± 标准误差	p
种数（种）	5.0 ± 0.8	8.4 ± 1.4	0.07b n. s.
盖度（%）	48.2 ± 3.7	71.6 ± 2.5	0.0008b ***
地上部生物量（mg · ha^{-1}）	44.0 ± 4.9	65.0 ± 3.2	0.0069b **
多样性指数	0.7 ± 0.3	1.6 ± 0.2	0.03b *

注：*** 表示 $p < 0.001$，** 表示 $p < 0.01$，* 表示 $p < 0.05$，n. s. 表示无显著差异。

植物多样性是表征植物群落的重要指标。总体来看，研究区草原物种多样性整体水平较低，其中，利用区由于草地盖度较低，植被稀疏，群落组成较为简单。Shannon – Wiener 多样性指数差异显著（$p < 0.01$），表现为非利用区＞利用区。前述研究表明，放牧等人为干扰因素会改变植被群落的物种多样性，王悦骅等（2021）发现，短期围封可以增加短花针茅荒漠草原植物的多样性和生物量，围栏封育可能是半干旱地区退化草原修复的有效措施。有更进一步的研究发现，围栏封育对于植物多样性的负效应随着封育年限的增加而增加，即围封相对于自由放牧条件，灰钙土生境植物功能多样性显著增加，然而随着封育年限的增加，物种多样性呈显著降低趋势（余轩等，2021）。在本书中，尽管利用区四周同样设置有围栏，

但因为区内存在大量人为干扰，经过旅游者长期重复踩踏，植被覆盖率较低，特别是旅游者活动相对频繁的敖包等区域地面出现大面积裸土斑块，导致植被多样性接近1。可见植被群落的物种多样性随旅游活动的强度增加而减少。

草地退化的结果主要反映在植被群落生产力下降，株高、盖度和密度下降，物种组成发生变化以及土壤质量下降（王明君等，2007）。王合云等（2016）通过研究大针茅草原退化程度对植物群落结构特征的影响发现，随着退化程度的增加，植物群落生物量、群落高度显著降低。本书发现在旅游活动干扰下，利用区植物种群和群落结构发生变化，草地优势种植被高度、植被盖度、群落多样性指数明显低于非利用区，植物群落生物量显著下降，这与以往的研究结果一致。由于非利用区几乎没有受到旅游活动的干扰，因此在多样性、地上部生物量、盖度方面都明显高于利用区。旅游活动对草地的重复踩踏、碾压，使得旅游区植被盖度下降，植株矮化，株丛密度下降，地表裸露面积增大，导致草地风蚀沙化风险增加。植被覆盖度及地上生物量等指标与植物的生存环境有着紧密的联系，其对人为干扰的响应十分强烈。旅游区由于景区设施和道路的建设，以及人为活动的踩踏，导致草地从旅游区中心点向外呈辐射状退化扩展，越靠近景区中心，寸草苔的密度越高。

草原植物的生长初期为5月，生长末期为9月，生长旺盛期刚好与当地旅游景区营业时间重合。如前文所述，生态系统超过一定阈值后破坏便不可逆。综上所述，植被种组成、多样性指数、优势种高度、植被盖度、地上部生物量因旅游利用而退化/减少，因此认为羊草、贝加尔针茅和寸草苔的高度、寸草苔株数、植被覆盖度和地上生物量可以用来作为评估旅游对草原植被退化影响的指标。值得一提的是，笔者在预调研时对研究区附近的4A级旅游景区（创建于1992年，面积20平方千米，每年接待游客人数约15万人次）也做了同样的植被与土壤调查，在该旅游景区中发现了生长在荒地和路边的草种，如车前草、独行菜和亚洲蒲公英。这表明，旅游活动引起的物种组成变化与放牧不同。植被群落组成随草原退化的程度发生变化，优势物种的转变从以多年生禾本科植物为主到以禾本科

植物以外的多年生禾本科植物为主，再到以一年生禾本科植物为主的组成
（王明君等，2007）。未来，随着旅游干扰的增加，外来物种可能会入侵旅
游区，植被群落可能会以非多年生禾本科草和耐踩踏的草种取代原来以多
年生禾本科草为中心的组成。

3.3.2 草原土壤对旅游利用的响应

1. 土壤剖面形态特征

表 3 - 3 和图 3 - 3 分别列出了利用区和非利用区的土壤剖面形态数据
和照片。两区的土壤都以黄土为母质，发生层层次发育明显，不含砾石，
没有形成 O 层。

表 3 - 3　　　　　　　　　　各区土壤剖面形态数据

利用区

发生层	深度（厘米）	描述
A1	0~5	褐黑色（10YR2/2）；湿润；砂质黏壤土（SCL）；无粗颗粒；弱细块状结构；略黏；略塑；很多细根；常见极细孔隙；平滑渐变界面
A2	5~15	褐黑色（10YR2/2）；湿润；砂质黏壤土（SCL）；无粗颗粒；弱细块状结构；略黏；略塑；很多细根；常见极细孔隙；平滑渐变界面
A3	15~35	褐黑色（10YR3/2）；中等干燥；砂质黏壤土（SCL）；无粗颗粒；中等细块状结构；略黏；略塑；很多细根；常见极细孔隙；平滑渐变界面
ABk	35~50	暗黄棕色（10YR4/3）；中等干燥；黏壤土（CL）；无粗颗粒；略黏；略塑；中等细块状结构；很多极细孔隙；含有大量碳酸钙；平滑渐变界面
Bk1	50~66	暗黄橙色（10YR6/3）；中等干燥；黏壤土（CL）；无粗颗粒；略黏；略塑；中等细块状结构；常见极细孔隙；含有大量碳酸钙；平滑渐变界面
Bk2	66~95	暗黄橙色（10YR6/3）；中等干燥；砂质黏壤土（SCL）；无粗颗粒；略黏；略塑；中等细块状结构；常见极细孔隙；含有大量碳酸钙；平滑渐变界面
Bk3	95~115+	暗黄橙色（10YR6/3）；中等干燥；砂质壤土（SL）；无粗颗粒；略黏；略塑；中等细块状结构；常见极细孔隙；含有大量碳酸钙

非利用区

发生层	深度（厘米）	描述
A1	0~5	褐黑色（10YR2/2）；湿润；砂质黏壤土（SCL）；无粗颗粒；弱细块状结构；略黏；略塑；很多细根；常见极细孔隙；平滑渐变界面
A2	5~15	褐黑色（10YR2/2）；湿润；砂质黏壤土（SCL）；无粗颗粒；中等细块状结构；略黏；略塑；很多细根；常见极细孔隙；平滑渐变界面
A3	15~45	褐黑色（10YR3/2）；中等干燥；砂质黏壤土（SCL）；无粗颗粒；中等细块状结构；略黏；略塑；很多细根；常见极细孔隙
A4	45~55	灰黄棕色（10YR4/2）；中等干燥；砂质黏壤土（SCL）；无粗颗粒；中等细块状结构；略黏；略塑；常见极细孔隙；平滑渐变界面
ABk	55~88	暗黄橙色（10YR6/4）；中等干燥；黏壤土（CL）；无粗颗粒；略黏；略塑；中等细块状结构；常见极细孔隙；含有大量碳酸钙；平滑渐变界面
Bk	88~120+	暗黄橙色（10YR6/4）；中等干燥；砂质黏壤土（SCL）；无粗颗粒；弱中等细块状结构；略黏；略塑；常见极细孔隙；含有大量碳酸钙

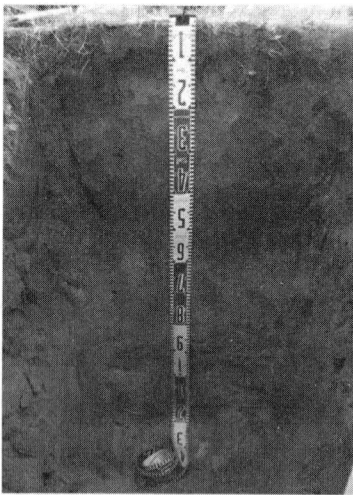 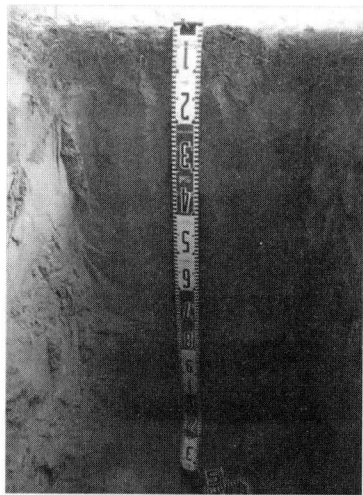

（a）利用区 　　　　　　　　　　（b）非利用区

图 3-3　各区土壤剖面

利用区的土壤由 A1 ~ A3、ABk 和 Bk1 ~ Bk3 层构成。其中，深褐色的 A1 ~ A3 层（0 ~ 35 厘米）根系丰富，具有弱度、小度到中度的亚方形土块构造。根据国际土壤学会（ISSS）的分类标准，土壤质地属于砂质黏壤土（Sandy clay loam，SCL）。其下为由碳酸钙堆积而成的钙化层，包括 ABk（35 ~ 50 厘米）、Bk1（50 ~ 66 厘米）、Bk2（66 ~ 95 厘米）和 Bk3（95 ~ 115 + 厘米），这些发生层润态颜色呈暗黄褐色或暗黄橙色，中亚方形土块构造，土壤质地分别为黏壤土（Clay loam，CL）、砂质黏壤土和砂质壤土（Sandy loam，SL）。

非利用区土壤由 A1 ~ A4 层、ABk 层和 Bk 层组成。深褐色的 A1 ~ A3 层（0 ~ 45 厘米）和灰黄褐色的 A4 层（45 ~ 55 厘米）富含植物根系，具有弱到中度的小到中的亚角块和角块状结构。在此层之下，观察到碳酸钙聚集的钙化层 [ABk 层（55 ~ 88 厘米）、Bk 层（88 ~ 120 + 厘米）]，钙化层润态颜色呈现暗黄橙色，具有弱度发育的中亚角块状结构。非利用区各层土壤质地均为砂质黏壤土。

根据美国农业部的分类标准（USDA，2010），由于两区土壤均观察到有厚达 20cm 及以上的黑色松软（mollic）发生层，距地表 100 厘米范围内均有次生碳酸盐的堆积，且盐基饱和度均在 50% 以上，两种土壤都被归类为哈普鲁斯托尔土（Haplustolls）。除去人为影响，两区的土壤生长因子的母材、地形和气候都相同。尽管非利用区钙质层出现的位置比利用区稍深，但考虑到两区位置接近，水分环境也非常相似，判断这种情况属于同一种土壤内的微小区别。如上所述，两个样地的土壤均未发现成因方面的差异，因此可以通过对两区剖面数据的对比，评估旅游利用对土壤剖面形态的影响。

2. 土壤理化性质的差异分析

利用区和非利用区的颗粒组成见表 3 - 4。两区的粗砂含量为 1.0% ~ 7.4%，细砂含量为 60.6% ~ 70.1%，粉粒含量为 9.2% ~ 20.5%，黏粒含量为 13.4% ~ 20.9%，其中细砂所占比例尤其高。该地区年平均风速高达

3.5~4.0 米/秒，土壤的细沙部分对风蚀的受蚀性极高（Bagnold，1941），因此可以推断植被覆盖率的降低很可能与土壤对风蚀的敏感性存在一定因果关系。黄富祥等（2001）评估了毛乌素沙地植被覆盖度与飞沙量之间的关系，研究结果证实了当植被覆盖度达到40%~50%时，风蚀可以得到抑制。因此，尽管研究区的土壤极易受到风蚀影响，但即便在利用区也有约50%左右的植被覆盖率，因此认为风蚀影响暂时不大。不过，值得注意的是，如果利用区域的植被覆盖率进一步下降，风蚀可能会对当地植被土壤造成不利影响。

表3-4　　　　　　　　　各区土壤颗粒组成与质地

| 样地 | 深度（厘米） | 发生层 | 岩石碎屑 | 颗粒组成（%） | | | | 质地 |
				粗砂粒 0.2~2	细砂粒 0.02~0.2	粉粒 0.002~0.02	黏粒 <0.002	国际土壤分类
利用区	0~5	A1	0.00	1.03	68.80	13.41	16.75	SCL
	5~15	A2	0.00	1.40	67.02	11.66	19.92	SCL
	15~35	A3	0.00	1.24	62.33	17.56	18.87	SCL
	35~50	ABk	0.00	1.41	60.64	19.95	17.99	CL
	50~66	Bk1	0.00	2.21	61.37	20.53	15.89	CL
	66~95	Bk2	0.00	2.25	63.53	16.98	17.24	SCL
	95~115+	Bk3	0.00	3.79	62.62	20.24	13.36	SL
非利用区	0~5	A1	0.00	1.79	69.07	9.26	19.88	SCL
	5~15	A2	0.00	2.14	70.10	11.15	16.61	SCL
	15~45	A3	0.00	2.29	64.59	13.59	19.53	SCL
	45~55	A4	0.00	2.51	64.80	11.79	20.90	SCL
	55~88	ABk	0.00	5.39	62.20	14.59	17.82	SCL
	88~120+	Bk	0.00	7.41	60.94	11.91	19.74	SCL

表3-5显示了两个剖面所有发生层的化学成分。从表层土壤来看，利

用区（21.8 g·kg^{-1}）的有机碳含量低于未利用区（26.4 g·kg^{-1}），全氮含量同样也有类似的趋势（利用区2.5 g·kg^{-1}；非利用区2.8 g·kg^{-1}），并且，有机碳和全氮均随着土层的加深而急剧下降。另外，易分解有机物含量的指标轻组分碳和轻组分氮也是利用区低于非利用区，利用区的轻组分碳为5.3 g·kg^{-1}，未利用区为7.7 g·kg^{-1}，利用区的轻组分氮为0.3 g·kg^{-1}，非利用区为0.5 g·kg^{-1}。并且，轻组分碳在有机碳含量中的占比也是利用区（24.4%）低于非利用区（29.1%）。此外，在阳离子交换容量中也观察到了类似的趋势（利用区15.5 cmol$_c$·kg^{-1}；非利用区16.7 cmol$_c$·kg^{-1}）。土壤有机质是陆地生态系统中生物地球化学循环的主要元素之一，并且是植物养分元素循环的中心，影响水分关系和侵蚀潜力。在草地生态系统中，土壤中的有机质主要由碳组成，草地土壤的碳贮量约占总碳贮量的89.4%（Raich & Schlesinger，1992）。有机碳主要集中在土壤的表层土壤，其来源主要是植物的残体。另外，凋落物的分解也向土壤输入一部分有机碳（王明君等，2007）。除了有机碳之外，氮素也是植物生长发育最重要的元素之一，是决定草地生产力的重要指标。刘楠和张英俊（2010）的研究显示，土壤全氮在不同的放牧梯度之间，以及不同土层深度间的变化趋势与土壤有机碳大体相同，趋势表现为轻牧 > 重牧 > 中牧 > 围封未放牧地，而混合放牧地的变化趋势比较复杂，相比较常年放牧地，混合放牧地的全氮含量要低。全氮含量随着土层深度的增加而降低。此外，还有研究者发现我国青藏高原的有机碳含量、全氮含量随着草地退化的程度逐步减少，引起阳离子交换容量和保肥率的下降（李海珠等，2008）。在本书中，由于利用区地上部生物量比未利用区低下，导致土壤有机物也随之减少，因此土壤有机碳含量、全氮含量、轻组分碳、轻组分氮、阳离子交换容量也跟着相对下降。非利用区人为干扰相对较少，植物残体等有机质还原到土壤中，所以非利用区的有机碳含量、全氮含量、阳离子交换容量高于利用区。

表 3 - 5　各区土壤化学成分

样地	深度 (cm)	发生层	pH (H₂O)	EC (dS·m⁻¹)	OC (g·kg⁻¹)	TN (g·kg⁻¹)	C/N	IC (g·kg⁻¹)	LFC (g·kg⁻¹)	LFN (g·kg⁻¹)	LFC/OC (%)	Exchangeable (cmol$_c$·kg⁻¹)				CEC (cmol$_c$·kg⁻¹)	BS (%)
												Ca	Mg	K	Na		
利用区	0～5	A1	6.42	0.16	21.79	2.49	8.75	0.00	5.32	0.33	24.41	10.38	2.41	1.16	0.06	15.49	90.44
	5～15	A2	6.92	0.06	16.91	1.87	9.02	0.00	2.27	0.12	13.43	13.09	3.25	0.40	0.04	16.63	100.91
	15～35	A3	7.45	0.04	10.09	1.06	9.55	0.00	0.95	0.04	9.40	13.40	2.84	0.28	0.09	17.42	95.42
	35～50	ABk	8.51	0.12	9.32	0.93	10.00	7.07	1.11	0.05	11.90	43.26	2.87	0.26	0.09	14.84	313.27
	50～66	Bk1	8.58	0.13	5.72	0.61	9.33	9.24	0.69	0.03	12.12	42.77	3.73	0.29	0.19	12.45	377.50
	66～95	Bk2	8.76	0.13	5.16	0.47	11.00	6.08	0.42	0.02	8.10	41.30	4.88	0.24	0.17	11.44	407.32
	95～115＋	Bk3	9.15	0.19	3.69	0.41	9.04	7.75	0.00	0.00	0.00	42.16	6.98	0.25	0.65	10.84	461.42
非利用区	0～5	A1	6.13	0.22	26.39	2.80	9.43	0.00	7.69	0.50	29.13	10.98	2.34	1.03	0.09	16.65	86.80
	5～15	A2	6.75	0.06	16.47	1.79	9.22	0.00	2.34	0.15	14.20	9.99	2.86	0.48	0.05	16.07	83.31
	15～45	A3	7.16	0.03	10.17	1.02	9.92	0.00	0.95	0.05	9.32	12.37	3.50	0.29	0.07	16.27	99.73
	45～55	A4	7.98	0.06	9.76	0.98	9.93	0.00	0.80	0.04	8.25	14.35	3.44	0.27	0.04	16.24	111.46
	55～88	ABk	8.87	0.12	4.13	0.46	9.02	12.15	0.60	0.02	14.61	43.59	5.02	0.19	0.13	9.53	513.64
	88～120＋	Bk	9.21	0.18	3.11	0.38	8.29	16.06	0.00	0.00	0.00	42.17	10.71	0.24	0.38	8.50	629.67

注：OC＝有机碳，TN＝全氮，C/N＝有机碳/全氮，IC＝碳酸盐，LFC＝轻组分碳，LFN＝轻组分氮，Exchangeable＝交换性阳离子，CEC＝阳离子交换容量，BS＝基础饱和度。

　　两区剖面除 A 层土壤外，都存在碳酸盐累积的钙质层。利用区的剖面从 35 厘米往下可见钙质层，碳酸盐含量范围为 $6.1 \sim 9.2 \, g \cdot kg^{-1}$；同样的，非利用区从 55 厘米开始聚积钙质层，其碳酸盐含量范围为 $12.1 \sim 16.1 \, g \cdot kg^{-1}$。由于两处土壤断面剖面样品采集点均位于相近且平坦的高原上，因此可以推断两个剖面的钙质层的位置差异是由于土壤本身的不均一特性和肉眼无法观测到的微地形造成的。此外，虽然两区表层 0~5 厘米的 pH 值之间差异较小（利用区 6.4，非利用区 6.1），但都存在随着土层深度的增加而上升的倾向。EC 没有在两区之间观察到差异（利用区 $0.1 \sim 0.2 \, dS \cdot m^{-1}$，非利用区 $0.1 \sim 0.2 \, dS \cdot m^{-1}$）。两区的可交换阳离子都是钙含量最高，其次是镁、钾和钠。两组剖面 A 层的盐基饱和度均在 100% 左右，下层由于聚积了大量碳酸盐的缘故，其数值明显高于 100%。

　　土壤 pH 值是评价土壤酸碱程度的一个重要指标，对于土壤肥力、土壤有机质合成与分解、土壤微生物活动、土壤动物分布、各种营养元素之间的转化和释放及其有效性等都产生重要影响。土壤电导率是测定土壤水溶性盐的指标，它能不同程度地反映土壤中的盐分、水分、有机质、土壤质地和孔隙率等参数的大小。有研究者对不同围封年限典型草原土壤 pH 值和电导率进行测定，研究结果显示：与自由放牧草地（pH = 7.61，EC = 0.109）相比，围封 6 年（pH = 7.56，EC = 0.066）、9 年（pH = 7.54，EC = 0.059）、12 年（pH = 7.53，EC = 0.065）、19 年后（pH = 7.53，EC = 0.085）土壤 0~10 厘米土层 pH 值和电导率显著下降（p < 0.05）（单贵莲，2009）。本书中未发现不同利用方式下土壤 pH 值的显著变化，说明旅游利用对土壤 pH 值和电导率的影响不明显。

　　综上所述，虽然表层土壤的构造、pH 值、电导率在两区之间没有差异，但利用区表层土壤的有机碳、全氮、轻组分碳、轻组分氮、阳离子交换容量均显示出减少的倾向。这表明虽然不能完全排除微地形的影响，但旅游活动干扰直接或间接影响土壤与植被的合成与分解，引起土壤养分结构和质量发生变化。更进一步来说，土壤养分与土壤微生物数量、微生物生物量及酶活性之间存在正相关（孙瑞莲等，2003）。而土壤微生物作为陆地生态系统的重要组成部分之一，与土壤中碳、氮、磷、硫等元素的循环以及土壤矿物质的分解存在密切联系，尤其是对土壤团粒结构的形成及稳定起着重要作用，同时也对植物根系的养分吸收产生深远影响（胡曰利和吴晓芙，2002）。通过本章的结果可以推断上述土壤养分的减少极有可能会进一步引起利用区土壤微生物数量、微生物量碳、氮和酶活性降低。

3. 土壤硬度比较及其空间异质性评估

与非利用区相比，利用区表层的土壤硬度显著增加，非利用区土壤硬度平均值为 17.6 毫米，利用区土壤硬度平均值为 23.0 毫米（p < 0.001）（见图 3 - 4）。土壤硬度与植被盖度之间存在很强的负相关关系（见图 3 - 5）。山中式硬度计测定的土壤硬度值大于 25 毫米表示土壤透水性差，同时植物根系存在生长障碍的问题（小原洋，1993）。根据研究结果，在土壤硬度低于 25 毫米的区域，观察到了土壤板结，植被矮化、植被盖度降低的现象，说明与湿润气候的日本不同，中国半干旱地区的草地土壤对外部各种应力的抵抗能力较弱。有研究者在内蒙古锡林郭勒草原四个不同放牧压力的地区（未放牧区、轻度放牧区、中度放牧区和重度放牧区）用山中式硬度计测定土壤硬度，结果显示四个区的土壤硬度分别为 12.1 毫米、18.5 毫米、19.4 毫米和 20.4 毫米。其中，最吸引游客注意的利用区娱乐设施附近的土壤硬度较高，敖包的平均值为 27 毫米，大蒙古包为 24 毫米，马场为 23 毫米，明显高于上述前人研究中的重度放牧区（乌云娜等，2004）。值得一提的是，笔者预调研时在研究区附近的 4A 级旅游景区（创建于 1992 年，面积 20 平方千米，每年接待游客人数约 15 万人次）也做了同样的植被与土壤调查，发现该区域敖包附近土壤裸露程度更甚于本研究区，其土壤硬度平均值高达 29.1 毫米。根据研究结果可知，土壤硬度增加的原因可能与游客流量高有关，游客、马匹的踩踏及车辆碾压等原因增加了表土层土壤紧实度、改变了土壤结构。另外，通过与前人研究结果进行对比，利用区土壤硬度明显高于重度放牧区，说明旅游活动比放牧更能加剧草原土壤的紧实度。

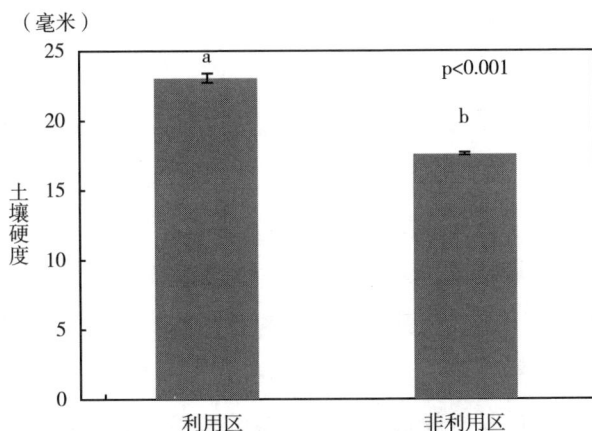

图 3 - 4　各区土壤硬度差异特征

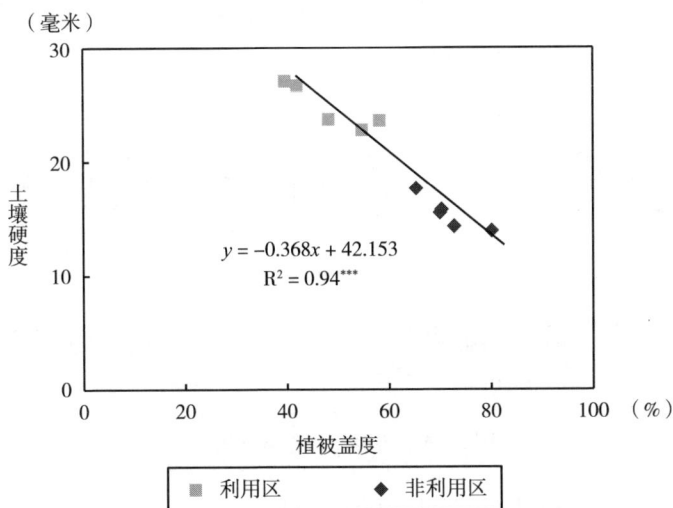

图 3 - 5　各区土壤硬度与植被盖度之间的相关关系

注：***表示 p < 0.001。

图 3 - 6 是利用区和非利用区的土壤硬度半方差散点图。对两区的土壤硬度进行半方差函数模型拟合发现，利用区土壤硬度半方差函数分析拟合的最优模型为球状模型，拟合函数决定系数 R^2 为 0.94，拟合结果较好；非利用区为线状模型，决定系数 R^2 为 0.004，拟合结果一般。块金值 N 表现为利用区 > 非利用区（5.1 > 1.0），说明利用区土壤硬度在采样尺度范围内变异很大。利用区的 Q 值为 0.7，存在较高的空间依存性；空间依存

性变程（R）为111米，说明在该范围内存在空间自相关性，变程数值远大于采样间距20米也证明了本书中的采样间距足以反映区域尺度上土壤硬度的空间变异特征。另外，非利用区的Q值较低，调查范围内的空间依存性也较低，没有检测到空间依存性变程。利用区土壤硬度表现出的高度空间依存性，可能是由于旅游景区的开发，游客、马匹的踩踏及车辆碾压等旅游活动对表层土壤造成了更直接的作用；相反，相对较少人类扰动非利用区，在采样尺度下未发现其土壤硬度存在空间变异性。根据研究结果可知，地质统计学分析提供的参数进一步揭示了不同利用方式下土壤硬度的空间变异特征，能够从空间角度掌握因旅游利用造成的土地退化程度，说明地质统计学分析手法可以作为管理旅游景区自然资源的有效工具。通过土壤硬度数据绘制的空间分布图，可以观察到利用区和非利用区的土壤硬度空间分布规律存在明显差异。

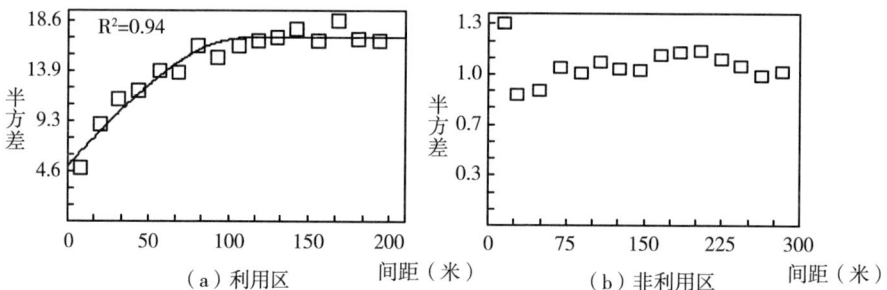

图3-6　各区土壤硬度半方差

有大量研究指出过度放牧是内蒙古草原退化的主要原因，随着放牧强度的增加，群落草高降低，地上生物量减少，群落植物物种构成发生变化（李博，1997）。在本书中，随着旅游利用强度的增加，植物草高、植被盖度和生物量减少，群落的优势种演变为耐踩踏物种，土壤硬度、有机碳含量、全氮含量、轻组分碳、轻组分氮、阳离子交换容量等土壤理化性质均发生变异，由此可以判断旅游利用同样会引起草原退化。旅游利用对草原退化，即植被和土壤的影响的具体表现为：由于游客践踏导致旅游景区土壤紧实度增加，原有建群植物羊草和贝加尔针茅被寸草苔（草原退化的指示物种）取代，利用区的多样性指数降低，与此同时，土壤硬度的上升引起透水性降低，植物根系生长受到抑制（根本淳和養父志乃夫，1996；小原洋，1993），由此导致植被数量减少，地上部生物量减少，植被盖度降低。植物的凋落物是土壤营养循环的物质来源，为土壤中的微生物提供食物，凋落物的减少会增加土表径流，降低草地抵抗风蚀和水蚀的能力，同时，附着于地表的凋落物对于防止土壤水分蒸发、拦截阻留降水及维持地表温度等方面也具有重要作用。土壤作为植物生长和发育的重要基质，为植物提供生存所需的空间水分、能量和营养物质，草地土壤的理化特性对植物群落生产力具有一定的决定作用，而群落生产力水平、植物残体、植物地下生物量以及植物的分布特征又影响着土壤的性质，植物的减少导致利用区土壤的有机质数量也随之减少，表层土壤中的有机碳、全氮、轻组分碳、轻组分氮和阳离子交换容量等土壤养分降低，由此形成一个植被与土壤相互作用的恶性循环系统，最终演化为退化草地。

3.4　本章小结

本章以中国内蒙古自治区呼伦贝尔草原为研究对象，探讨草原生态旅游与草原退化之间的关系。为旅游景区的植物草高、植被盖度、地上生物量，群落构成、土壤硬度、有机碳含量、全氮含量、轻组分碳、轻组分氮、阳离子交换容量等土壤理化性质以及土壤硬度的空间变异特征、空间分布情况及其与植被之间的关系提供了一定认识。小结如下。

（1）草原植物群落物种组成发生变化。研究结果发现，研究区的草本植物共 17 种，隶属 10 个科、15 个属。两个样地多年生草本植物的出现频度最高，群落组成以多年生为主，其次是一年生草本和一至二年生草本植物。其中，以多年生杂类草本植物为主，有 10 种，占调查植物总数的58.8%；其次为禾本科植物，有 3 种，占比 17.7%。物种数最多的 4 个科，分别为菊科、禾本科、石蒜科、豆科、藜科，其余科物种数均为一种。物种数最多的前 2 个属分别为蒿属、葱属，其余属物种数均为一种。其中利用区共有植物物种 9 种，隶属 7 科 9 属，主要建群植物为寸草苔、羊草、贝加尔针茅、糙隐子草。非利用区共有植物物种 14 种，隶属 8 科 13 属，主要建群植物为寸草苔、羊草、贝加尔针茅、糙隐子草和地肤等。

（2）草原群落优势种、结构和多样性发生变化。草地退化指示植物寸草苔成为群落优势物种。两个样区的植被种数不存在显著性差异。利用区植被盖率为 48%，非利用区植被盖率为 72%，利用区植被盖度显著低于非利用区（$p < 0.001$）。利用区的平均地上部生物量为 44.0 mg·ha^{-1}，非利用区为 65.0 mg·ha^{-1}，不同利用方式下的草地地上部生物量之间存在显著性差异（$p < 0.001$）。利用区由于草地盖度较低，植被稀疏，群落组成较为简单。非利用区 Shannon – Wiener 多样性指数显著高于利用区（$p < 0.01$）。

（3）不同利用区草原土壤理化性质存在差异。研究调查区的土壤母材为黄土，两区的粗砂含量为 1.0% ~ 7.4%，细砂含量为 60.6% ~ 70.1%，粉粒含量为 9.2% ~ 20.5%，黏粒含量为 13.4% ~ 20.9%，由于细砂和黏粒比例较高，因此极易遭受风蚀。根据国际系统分类标准，土壤质地分别为黏壤土（Clay loam, CL）、砂质黏壤土（Sandy clay loam, SCL）和砂质壤土（Sandy loam, SL），土壤被归类为哈普鲁斯托尔土（Haplustolls）。从表层土壤来看，利用区（21.8 g·kg^{-1}）的有机碳含量低于未利用区（26.4 g·kg^{-1}），全氮含量同样也有类似的趋势（利用区 2.5 g·kg^{-1}，非利用区 2.8 g·kg^{-1}）。另外，易分解有机物含量的指标轻组分碳和轻组分氮也是利用区低于非利用区，利用区的轻组分碳为 5.3 g·kg^{-1}，未利用区为 7.7 g·kg^{-1}；利用区的轻组分氮为 0.3 g·kg^{-1}，非利用区为 0.5 g·kg^{-1}。并且，轻组分碳在有机碳含量中的占比也是利用区（24.4%）低于非利用区（29.1%）。此外，阳离子交换容量也是利用区（15.5 cmol$_c$·kg^{-1}）低于非利用区（16.7 cmol$_c$·kg^{-1}）。虽然两区表层 0 ~ 5 厘米的 pH 值之间没有明显差异（利用区 6.4，非利用区 6.1），但都存在随着土层深度的增加而上升的倾向。电导率没有在两区之间观察到差异（利用区 0.1 ~ 0.2 dS·m^{-1}，非利用区 0.1 ~ 0.2 dS·m^{-1}）。两组剖面 A 层的盐基饱和度均在 100% 左右。除 A 层土壤外，两组剖面都存在碳酸盐累积的钙质层。

（4）利用区的土壤硬度存在一定空间异质性。研究结果显示，非利用区土壤硬度平均值为 17.6 毫米，利用区土壤硬度平均值为 23.0 毫米（$p <$

0.001），利用区的土壤硬度比非利用区显著增加。土壤硬度与植被盖度之间存在很强的负相关关系。通过空间分布分析发现，土壤硬度的分布格局表现为由旅游区的中部向周边区域发散递增，结构表现出明显的条带状和斑块状分布的特点。在非利用区，土壤硬度的空间依赖性较低，未检测到变程；而在利用区，土壤硬度半方差函数分析拟合的最优模型为球状模型，拟合函数决定系数 R^2 为 0.94，拟合结果较好，土壤硬度空间依赖性较高，Q 值为 0.7，变程为 111 米，这表明旅游行为对目标区域土壤硬度的影响在 111 米范围内。以游客中心的土壤受旅游活动的影响较大，而越远离核心区域土壤受旅游开发利用的影响就较小。因此，在进行土壤管理时，应加强游客中心景区游道外沿土壤的保护，以减小旅游开发利用对旅游景区土壤的影响。另外，如果将来要搬迁旅游设施保护植被和土壤，分散旅游行为的影响，应参考土壤硬度空间变程适当拉开距离。

上述结果表明，在内蒙古呼伦贝尔草原旅游区，由于游客踩踏造成土壤板结，导致表层土壤和植被有机质含量下降，造成草原退化。与物种数量和多样性指数相比，土壤硬度、物种组成、草高、植被覆盖度和地上生物量可能是评估旅游业造成的草原退化的更有效指标。此外，地质统计学可以作为评估旅游资源状况的有力工具。本章为今后评估旅游行为导致的草原退化和制定生态环境管理措施提供了重要数据。

第 4 章

马来西亚国家公园土壤侵蚀量评估手法改善

4.1 样地基本情况

本章选取美国通用土壤流失方程式为研究区域土壤流失方程的基本模型框架，为了对模型进一步修正，探讨适合湿润地区热带雨林道路及周边地带由旅游活动引起的土壤侵蚀评估方法，笔者分别于 2012 年 5 月和 2014 年 3 月在马来西亚半岛柔佛州东北部的兴楼云冰国家公园（南纬 2°31′，东经 103°24′；Endau Rompin National Park）佩塔区域开展野外取样和调查工作。佩塔区域大致可分为住宿区和旅游活动区。住宿区包括公园管理处、展示公园历史、资源条件和动植物标本的小型展览室以及供游客住宿、饮食的设施，游客需在公园管理处办理入林许可证方可进入园内参观。除此之外，还有一个自然教育与研究中心，为研究人员和参加自然教育活动的师生提供住宿和活动场所。连接住宿区和各个景点之间的道路有两种类型：一种是开园前森林砍伐时期（1970～1980 年）用于搬运木材的道路；另一种是雨林中的自然观察小径。游客一般通过徒步、乘车或乘船的方式到达旅游活动区，在园区向导的带领下进行参观游览。对旅游活动区域进行全面踏查后，采用样线调查法沿旅游干扰最频繁的道路设置 800 米样线。根据通用土壤流失方程式各因子计算所需参数和土壤侵蚀量实际测量方法分别确定现场勘察对象和土壤样品取样数量及理化分析。

4.2　野外采样和数据处理

4.2.1　参数测量与计算

USLE 方程式通过对土壤侵蚀各个影响因子的相关数据进行分析，拟合多元回归方程，然后建立各个因子与土壤侵蚀之间相互关系的模型。对年度土壤侵蚀量的预测是五个影响因子的乘积，其数学表达式为（Wischmeier & Smith，1978）：

$$A = R \times K \times LS \times C \times P$$

其中，A 代表年度土壤侵蚀量（$t \cdot ha^{-1} \cdot y^{-1}$）；$R$ 代表降雨侵蚀因子（$MJ \cdot mm \cdot ha^{-1} \cdot y^{-1}$）；$K$ 代表土壤可蚀性因子（$t \cdot MJ^{-1} \cdot mm^{-1}$）；$LS$ 代表坡度坡长因子（无量纲）；C 代表覆盖与管理因子（无量纲）；P 代表水土保持措施因子（无量纲）。

1. 降雨侵蚀因子 R 值

降雨侵蚀因子 R 值反映降雨对区域土壤的潜在侵蚀能力的宏观特征，是对区域土壤侵蚀情况进行定量监测评价的重要因素。水蚀的主要原因是降雨，降落的雨滴击溅土壤表层颗粒，以及由雨水冲刷地表产生的径流是土壤侵蚀的主要动力。降雨侵蚀力难以直接测定，大多用降雨参数来估算，主要包括降雨量、降雨强度、降雨时长、雨滴下降速度以及雨滴的大小等。R 值主要分为经典和简易两种计算方法。经典算法通过美国 35 个水土保持站，共计个 8250 个小区的降雨和侵蚀实测资料，发现土壤侵蚀流失量与降雨动能 E 和最大 30 分钟雨强 I_{30} 的乘积 EI_{30} 有最好的相关性，因此将 R 值表示 EI_{30}（Wischmeier & Smith，1965）。但是该算法对降雨资料的要求非常高，计算降雨动能的过程烦琐，且由于热带地区频繁集中的强降雨，EI_{30} 不适用于此类地区。因此，采用威斯奇迈尔法的月平均降雨量和

年降雨总量的简易计算方法为（Mannering & Wiersma，1969）

$$R = \sum_{i=1}^{12} 1.735 \times 10^{(1.5\log\frac{p_i^2}{p} - 0.8188)}$$

其中，p_i 是 1~12 月的月平均降水量（毫米），p 是年降雨总量（毫米）。

本章选择了能覆盖调查区域范围的 Kg. Peta Ulu Sg. Endau 气象站 1972~2011 年的月降雨数据，根据上述方程计算得出年降雨侵蚀因子 R 值。在数据清洗阶段排除了缺失值和异常值。

2. 土壤可蚀性因子 K 值

土壤及其母质是土壤侵蚀的主要对象。土壤可蚀性因子 K 值是土壤侵蚀预报模型中表征土壤参数的指标，反映了土壤对侵蚀的敏感性及降水所产生的径流量与径流速率的大小。因此与土壤质地、土壤有机质含量、土壤结构、透水性等因素密切相关。K 值越大，相同条件下土壤可蚀性越强，土壤受侵蚀的潜在危险便越大，侵蚀速度也就越快；反之，则土壤可蚀性越弱，土壤遭受侵蚀的潜在危险就越小，速度也越慢。维施迈尔和曼纳林（Wischmeier & Mannering，1969）用人工降雨法测定了 55 种土壤的土壤可蚀性指数，最终选定 13 个土壤特性指标与土壤可蚀性进行回归分析，得出 K 值计算公式为

$$K = [2.1 M^{1.14}(10^{-4})(12-a) + 3.25(b-2) + 2.5(c-3)]/100$$

其中，M 为土壤颗粒参数，$M = [$粉砂(%) + 极细砂(%)$] \times [100 -$ 黏粒(%)$]$，a 为土壤有机质含量（%），b 为土壤结构系数（1 = 超细粒，2 = 细粒，3 = 中到粗粒，4 = 块状、板状、块状），c 为渗透性等级（1 = 快，2 = 中到快，3 = 中，4 = 慢到中，5 = 慢，6 = 非常慢）。

为了获取 K 值中土壤理化性质数据，使用 100 毫升取土环刀对 40 个采样点道路两侧的表层土壤（0~5 厘米）进行 2 点采样，将其充分混匀。剔除土壤中的根系、石块及动植物残体后，风干研磨，对 2 毫米以下的风干土进行下述理化分析。土壤样品分析均遵循《日本土壤环境分析法》的有关方法进行测定（土壌環境分析法编集委员会，1997）。为算出土壤颗粒参数 M，黏粒含量和粉砂含量采用移液管法（ピペット法）测定，超细

砂、细砂和粗砂含量基于美国农业部分类，采用湿筛法（湿式篩别法）测定。此外，将部分风干土进一步微细粉碎，使用元素分析仪（NC－800－13N，住化分析センター）通过干式燃烧法测定全碳含量（TC），得到的全碳含量值乘以 1.724 计算出有机质含量 a。接下来，使用 USLE 手册的土壤可蚀性 K 值诺模图，确定土壤系数 K 的土壤结构代码 b 和透水性等级 c。另外，将采集到的一部分湿土在 105℃ 下烘干 24 小时，称取土重，计算出容重。pH（H_2O）和电率（EC）是按照 1∶5 土水比采用玻璃电极法（ガラス電極法）测定。为了得到每 10 米的 K 值，先采用公式计算得出每 20 米的 K 值，之后使用两个连续采样点的 K 值的平均值算出两点之间 10 米的 K 值。

3. 坡度坡长因子 LS 值

坡度和坡长影响因子分别以 L 和 S 表示，通常合并为一个地形因子 LS 来估算。LS 值是坡长系数 L 和坡度系数 S 的乘积。地形作为最基本的自然地理要素，对土壤侵蚀的强度产生重要影响。坡度因子指实际坡度下的单位面积土壤流失量与标准小区土壤流失量的比值，而坡长因子是指实际坡长下的单位面积土壤流失量与标准小区土壤流失量的比值。在 USLE 方程式中，坡度和坡长对地表径流的形成产生决定性作用，其中，以坡度对水土流失的影响最大，坡度越陡，汇流时间越短，径流能量便越大，对坡面的冲刷就越剧烈，侵蚀量越大。一般情况下，土壤侵蚀量与坡度成正相关。LS 值计算公式如下：

$$LS = \left[0.065 + 0.0456(slope) + 0.006541(slope)^2 \right] \left(\frac{slopelength}{22.1} \right)^m$$

其中，$slope$ 为斜坡坡度（％），$slopelength$ 为斜坡长度（米）；m 为无量纲指数，$m = 0.5$（$slope \geqslant 5\%$），$m = 0.4$（$3 \leqslant slope < 5\%$），$m = 0.3$（$1 \leqslant slope < 3\%$），$m = 0.2$（$slope < 1\%$）。

为确定 LS 值，在样线每隔 10 米进行测量。斜坡坡度 $slope$ 由激光测距仪（Disto A6，Leica）测量的坡度计算得出。斜坡长度 $slopelength$ 则是在样线的 5 个斜坡处，将每个斜坡起点处的斜坡长度设定为 10 米，将斜坡上各个采样点的斜坡长度设定为从斜坡起点处到该点的距离（米）。m 根据斜坡坡度 $slope$ 计算得出。

4. 覆盖与管理因子 C 值

土壤侵蚀极易发生在裸地或植被覆盖度低的地方。植被及其根系具有截留降雨、减缓径流、固着土壤等重要生态功能，对于抑制土壤侵蚀起到决定性的作用。覆盖与管理因子 C 值反映覆盖和管理变量对土壤侵蚀的综合影响，表示有植被覆盖或实施田间管理土地的土壤流失量与同等条件下实施清耕且连续休闲土地的土壤流失量的比值。C 值的覆盖效应不仅取决于植被类型、群落特征和生长条件，还取决于一年中的不同时期和管理变化。其值为无量纲数，介于 0 和 1 之间，根据植物类型及其六个生长阶段的作物覆盖、轮作顺序及管理措施的综合作用计算得出，随植物的地上大小、根部状态和植被盖度而变化，植被盖度越高，数值越接近 0；地表的植被覆盖程度越低，数值越接近 1，表明土壤侵蚀情况严重。

本章样区设置在道路（很少有植物覆盖，几乎为裸地），但部分地表被土壤生物结皮（biological soil crust）和砾石覆盖。为了对 C 值进行修正，在样线出现生物结皮的 54 个地点和被砾石覆盖的 16 个地点上，以 2 米的间隔设置 50 厘米 × 50 厘米的样方，测量生物结皮和砾石的盖度，样方反复 5 次。采用照相法测量生物结皮覆盖度，于样方上方 1 米高处垂直拍摄地表生物结皮状况，后期使用图像分析软件（ImageJ 1.48v）处理数字图像，通过勾绘地表生物结皮区域面积获得结皮覆盖度。另外，用弹簧秤测量样方内所有砾石的重量。不过，由于 USLE 中并没有可以对应生物结皮覆盖率和砾石重量的 C 值，因此在计算预测值时将 C 值设置为 1.0。对 C 值进行修正时，裸地的 C 值设为 1.0，由土壤侵蚀量的偏差率与生物结皮覆盖率的关系式，以及土壤侵蚀量的偏差率与砾石重量的关系式预测得出的土壤侵蚀量的偏差率作为 C 值的修正系数（详见下节结果与讨论部分）。然后，利用 C 值的修正系数，通过下式对 USLE 算出的土壤侵蚀量（预测值）进行修正：

$$A_c = \beta \times A$$

其中，A_c 为修正后的土壤侵蚀量的预测值，β 为根据生物结皮覆盖率或砾石重量预测的土壤侵蚀量的偏差率（C 值的修正系数），A 为 USLE 土壤侵蚀量预测值。

5. 水土保持措施因子 P 值

水土保持措施是以防治水土流失为目的，通过大量植树造林及对土地利用结构和农业耕作方式的调整等各项技术措施来实现水土保持。P 值指代农田等高线耕作、带状耕作和梯田等保护性耕作措施效果，表示实际工程措施后的土壤流失量与顺坡种植时的土壤流失量的比值。P 值一般根据所采用措施的规模大小设置为 0 和 1 之间。0 代表研究区域水土保持措施很好，基本不会发生土壤侵蚀，1 代表未采取任何水土保持措施。由于本章样线区域并未采用上述任何保护措施，因此 P 值设定为 1。

4.2.2　实际土壤侵蚀量测量方法

通常，对土壤侵蚀量进行实际测量一般分为野外测定试验和室内/田间模拟试验，两种方法都需要在研究区域的坡底安装土壤捕集装置，定期收集沉积物和植物残体，通过对沉积物和植物废弃物的实际干重进行测量，获取单位时间、单位面积内土壤颗粒的流失量。由于样地设置在国家公园的林道上，按照传统方法收集沉积物会对旅游者和管理者的出行造成不便，且通过现场勘查发现林道上普遍存在片流、细沟、浅沟侵蚀等现象（见图 4-1）。在多暴雨的旅游地区，土壤表面常有较多的侵蚀沟，这是因为非正常天气条件常常会加剧旅游活动对土壤的冲击程度（Hammitt，1988）。由于侵蚀动力和方式的不同，土壤侵蚀可分为多种类型。一般土壤侵蚀可分为雨滴溅蚀、片流侵蚀、细沟侵蚀、浅沟侵蚀、切沟侵蚀等，坡面径流的流动发展造成了侵蚀方式的演变，即片流侵蚀→细沟侵蚀→浅沟侵蚀→切沟侵蚀，形成了一个相互联系的侵蚀过程链（刘青泉等，2001）。

图 4-1 研究区域土壤侵蚀状况

因此,本章采用直接量算法,布置若干测量小区(以下简称测区),在每块测区内测量所有侵蚀沟的横断面,根据各测区侵蚀沟的平均横断面面积计算出土壤侵蚀实际流失量 $(t \cdot ha^{-1} \cdot y^{-1})$。如图 4-2 所示,在测量过程中,首先在 800 米样地上以 10 米间隔布设测区,测量每个测区的道路宽度,接着在各个测区从左向右以 20 厘米为单位测量侵蚀沟的断面。每个测区的侵蚀沟平均横断面面积按以下公式计算:

$$G_i = (h_{i1} + h_{i2} + \cdots + h_{in}) \div n_i$$

其中,G_i 是第 i 个测区的侵蚀沟平均横断面面积,h_i 是第 i 个测区的每 20 厘米的侵蚀沟深度(单位:cm),n_i 是第 i 测区的测量数量。

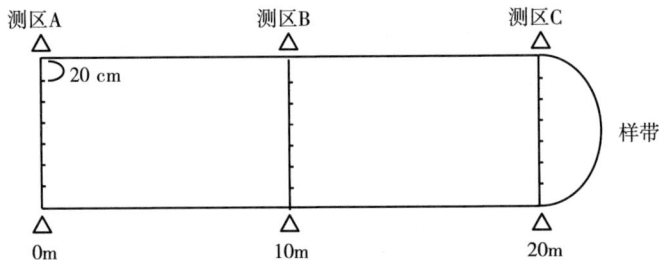

图 4-2 土壤取样及侵蚀沟断面测量示意

注:△表示收集土壤样本。

接下来，利用侵蚀沟平均横断面面积 G_i，通过以下公式计算出土壤侵蚀量的实测值：

$$A_i = G_i \times \beta_i \div y \times 10^8 \div 10^6$$

其中，A_i 为 i 测区的土壤侵蚀量实测值（$t \cdot ha^{-1} \cdot y^{-1}$），$\beta_i$ 为 i 测区土壤容重（$g \cdot cm^{-3}$），y 为国家公园建立年限，10^8 是换算成公顷的数值，10^6 是换算成吨的数值。

4.3　结果与讨论

4.3.1　USLE 相关系数解析

1. 降雨侵蚀因子 R 值计算结果

本章采用研究区域附近气象站 1972 ~ 2011 年的降雨数据资料，计算出该地区年均降雨量为 3217.9 毫米（见表 4 - 1）。其中，12 月的平均降雨量最高，为 559.9 毫米，占年平均降雨量的 17.4%；其次是 1 月的 474.9 毫米，占年平均降雨量的 14.8%。此外，还观察到了两种降雨模式：5 月至 9 月为干季模式，此期间月平均降雨量为 164.7 毫米；10 月至 4 月为雨季模式，集中降雨量大较大，该期间月平均降雨量高达 342.1 毫米，后者是前者的 2.1 倍。

表 4 - 1　　　　　　1972 ~ 2011 年研究区月平均降雨量与年均降雨量　　　　　单位：毫米

月平均降雨量												年均降雨量
1 月	2 月	3 月	4 月	5 月	6 月	7 月	8 月	9 月	10 月	11 月	12 月	
474.9	246.9	273.4	244.5	185.4	163.6	141.8	159.2	173.4	234.6	360.3	559.9	3217.9

表 4 - 2 列出了月平均和年平均降雨侵蚀因子 R 值的结果。研究区月平均年降雨侵蚀力最高为 12 月 349.2 MJ $\cdot$ mm $\cdot$ ha^{-1} $\cdot$ y^{-1}，最低为 7 月 8.0 MJ $\cdot$ mm $\cdot$ ha^{-1} $\cdot$ y^{-1}，多年平均年降雨侵蚀力为 900.3 MJ $\cdot$ mm $\cdot$ ha^{-1} $\cdot$ y^{-1}。计

算结果表明，降雨系数随降雨量高低发生变化，公园多年平均 *R* 值年内分配集中度很高，主要集中在 10 月至 4 月。美国西部地区的年平均降雨侵蚀力为 50 MJ·mm·ha^{-1}·y^{-1}，东南地区为 550 MJ·mm·ha^{-1}·y^{-1}（Wischmeier & Smith，1978）。日本降雨量较多的宫崎县的年平均降雨侵蚀力为 680 MJ·mm·ha^{-1}·y^{-1}（細山田健三和藤原輝男，1984）。由此可见，本章研究区域的年平均降雨侵蚀力是美国最高值的 1.6 倍、日本的 1.3 倍，具有降雨侵蚀力较高的特点。在没有植被覆盖的裸露土壤上，雨滴直接冲击土壤表层，形成难透水性的物理结壳，造成土壤渗透能力下降，无法渗入地下的雨水变成地表径流，引起土壤侵蚀发生（北原曜，2002）。这表明像道路这样几乎没有植被覆盖的区域，雨季时期的高动能高频率的降雨可能会造成严重的水土流失。

表 4-2　　　　　　　研究区月平均和年平均降雨侵蚀因子 *R* 值

单位：MJ·mm·ha^{-1}·y^{-1}

月平均值												年平均值
1 月	2 月	3 月	4 月	5 月	6 月	7 月	8 月	9 月	10 月	11 月	12 月	
224.1	54.1	66.6	34.9	13.7	9.2	8.0	9.9	12.5	28.0	90.0	349.2	900.3

2. 土壤可蚀性因子 *K* 值计算结果

表 4-3 列出了土壤可蚀性因子 *K* 的结果。研究区域土壤的黏粒和砂粒含量较高，粉粒和极细砂粒含量较小。土壤的砂粒含量范围为 26.4%~52.5%，极细砂粒含量范围为 0.6%~5.9%，粉粒含量范围为 5.6%~42.7%，黏粒含量范围为 25.5%~58.7%。根据美国农业部的分类标准，研究区域的土壤质地可分为壤土（loam）、黏壤土（clay loam）、砂质黏土（sandy clay）和黏土（clay）。土壤结构等级和渗透性等级通过《USLE 土壤调查手册》的土壤可蚀性诺漠图获取。这四种土壤结构相同，都是中粒到粗粒，有机质含量分别为 0.5%、0.6%、0.9% 和 1.0%，壤土的渗透性相对较好，为中等，而黏壤土、砂质黏土和黏土的渗透性分别为缓慢、缓

慢至中等和非常缓慢。根据土壤质地、有机质含量、渗透等级和结构等级计算出不同土壤类型的 K 平均值：壤土 0.28、黏壤土 0.27、黏土 0.15 和砂质黏土 0.09。

表 4-3　　　　　　　　　研究区土壤可蚀性因子 K 值　　　　单位：$t \cdot MJ \cdot mm^{-1}$

土壤质地	a	b	c	M	K
壤土	0.5	3	3	3295.2	0.28
黏壤土	0.6	3	5	2857.8	0.27
砂质黏土	0.9	3	4	640.8	0.09
黏土	1.0	3	6	724.6	0.15

粉粒、极细砂粒和有机质含量等因素对土壤受侵蚀性影响较大。若土壤质地均匀，粉粒或极细砂粒含量高，有机质少，排水不良，则易遭冲蚀（Hammitt，1988；Sarah & Zhevelev，2007）。此外，即使在相同的天气、地形、植被覆盖和养护管理条件下，不同土壤类型的土壤可蚀性因子 K 值也有很大差异（Wischmeier & Smith，1978）。有机物不仅为土壤生物提供养分和庇护所，而且还将土壤颗粒黏合在一起形成团聚体。山本高也（1998）发现，降雨引起的土壤侵蚀由于土壤颗粒被雨滴的能量破坏和分散，导致其渗透能力变差，在裸土进行五次人工降雨后，土壤的渗透能力减少至初始值的一半。此外，根据村井宏和岩崎勇作（1975）的报告，林道、木材收集站、由于踩踏变得坚固的游步道等没有地面覆盖的裸土区域，雨滴直接冲击地面会导致形成不透水的地壳，造成土壤渗透性下降。根据研究结果，尽管调查区域所有样点的有机质含量都不高，且土壤渗透性低的样点占总体的 95%，但是从土壤质地的角度来看，易受侵蚀的粉粒和极细砂粒含量相对不高，再加上不易受到降雨侵蚀的黏土（$K = 0.15$）约占总体的 70%，因此研究区域的 K 值介于 0.09 和 0.3 之间。根据《USLE 土壤调查手册》，美国 23 种土壤类型的 K 值范围为 0.03（砂壤土）~0.69（粉砂质壤土），而本章研究结果的 K 值范围为 0.09（砂质黏土）~0.28（壤土），表明研究区域的土壤抗侵蚀性相对较强，不太容易受到水力侵蚀影响。

3. 坡度坡长因子 *LS* 值计算结果

根据现场调查结果发现，样线地形呈现波状分布，一共出现五个斜坡，斜坡的长度分别为 150 米、240 米、145 米、125 米和 130 米。径流的流线长和坡长无穷多变，为了应用方程，必须分片计算土壤侵蚀量，然后求坡长不同的各片土壤流失量的平均值。根据计算结果表明，坡度在 1% 或以下的斜坡约占整个样线的 21%，超过 5% 的地方约占 35%，其中，最陡坡面的坡度为 16.7%。通过与《USLE 土壤调查手册》中的 *LS* 值（0.06 ~ 12.9）对比，样线的 *LS* 值为中下等程度，范围为 0.07 ~ 4.9。陡坡或坡度大的地段容易形成侵蚀沟，坡度为 5% 及以上坡面的土壤侵蚀问题尤为严重（Wischmeier & Smith，1978），表明研究区坡度超过 5% 的地方受地形影响较容易发生土壤侵蚀。但是从整体角度而言，样线的坡度相对较缓，地形对土壤侵蚀量的影响较小。

4.3.2 土壤侵蚀预测值与实测值的比较

土壤侵蚀量预测值的计算有利于推断出研究区域将来可能发生的土壤侵蚀量，预测值能够在一定程度上反映水土流失的危险程度，有利于针对水土流失高风险区制定相应的水土保持措施。USLE 估算的土壤侵蚀预测值范围为 7.7 ~ 750.7 $t \cdot ha^{-1} \cdot y^{-1}$，平均值为 122 $t \cdot ha^{-1} \cdot y^{-1}$（见表 4 - 4）。马来西亚政府规定的年容许土壤流失量最低为小于 10 $t \cdot ha^{-1} \cdot y^{-1}$，最高为大于 150 $t \cdot ha^{-1} \cdot y^{-1}$，从研究的结果来看，样线 95% 的采样点数据在年容许土壤流失量低到最高范围内（见表 4 - 5），其中，极高范围的采样点占总数的 25%。结果表明该区域由水土流失造成的损失较大。

表 4 - 4　　　　　　　　　　　研究区土壤侵蚀预测值

R	*K*	*LS*	*A*
900.3	0.2	0.9	122.0

表4-5　　　　　　　　　　马来西亚年容许土壤流失量　　　　单位：t·ha⁻¹·y⁻¹

土壤流失等级	潜在土壤流失量
非常低	<10
低	10~50
中等	50~100
高	100~150
非常高	>150

　　为了进一步检验 USLE 模型对公园土壤侵蚀估算的准确性，本章以采用侵蚀沟横断面面积计算的土壤侵蚀实测值为标准，利用原模型标准算法计算出的土壤侵蚀预测值与土壤侵蚀实测值进行比较。若原模型拟合精度较低，则需要对原模型进行修正，反之则不需要。由侵蚀沟横断面面积计算的土壤侵蚀实测值范围为 3.4~83.8 t·ha⁻¹·y⁻¹，平均值为 27.0 t·ha⁻¹·y⁻¹。通过将预测值与实测值进行比较发现，原模型预测值均大于对应采样点的实测值。结果如图4-3所示，预测值和实测值之间没有相关性，由此推断原模型估算精度较差。通过对样线所有采样点的预测值和实测值之间的变化逐一排查后发现，特别是在土壤表层有生物结皮和砾石覆盖的地点（见图4-4和图4-5），预测值估计的土壤侵蚀量较大，而实测值计算出的土壤侵蚀量较小。尤其是在有生物结皮和砾石覆盖的情况下，同时坡度超过5%的地点，预测值是实测值的10倍，表明原模型的预测值过高估算了土壤侵蚀量。

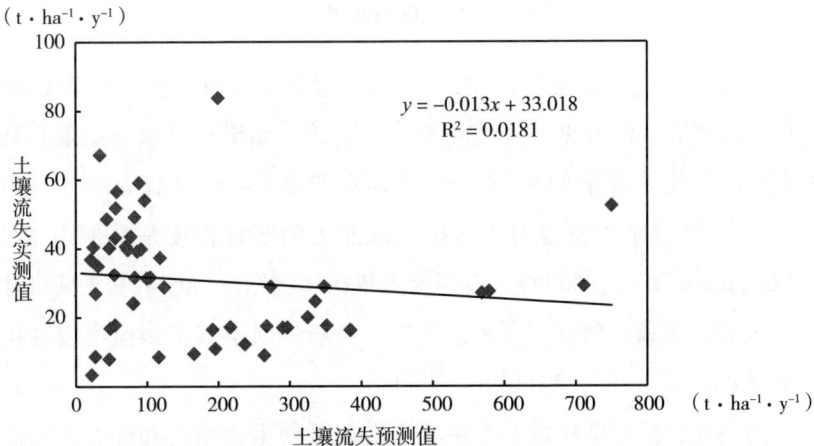

图4-3　研究区土壤预测值与实测值之间的相关关系

图 4 - 4　研究区生物结皮状况

图 4 - 5　研究区砾石覆盖情况

　　USLE 模型是根据美国典型的气候和土壤环境条件，基于标准试验地的土壤侵蚀实际观测数据开发的经验模型公式，如果在气候、土壤和利用条件不同的其他国家开展使用该公式，需要修改系数的计算方法（種田行男，1975）。生物结皮覆盖对土壤抗侵蚀能力的解释程度是其他因素的 3 倍（Chaudhary et al.，2009）。有研究者指出生物结皮应该借鉴土壤可蚀性因子 K 或者是覆盖与管理因子 C，作为一种新的因子修正到土壤侵蚀预报模型中（Bowker et al.，2011）。

　　总而言之，研究区样线上存在着一定数量的生物结皮和砾石，它们的覆盖可能会减少土壤侵蚀量，使用原模型计算土壤侵蚀量后，模型计算值远大于实测值，这导致土壤侵蚀预报模型模拟的精度有误。换句话说，土壤侵蚀预测值和实测值之间没有存在显著相关性的原因是，尚未考虑到地表生物结皮和砾石覆盖的作用。因此，土壤侵蚀预报模型需要考虑生物结皮和砾石的影响，有必要对 USLE 模型中的作物管理系数 C 进行修正，解析结果如下节所示。

4.3.3　基于生物结皮和砾石的土壤侵蚀预报模型修正

从研究结果来看，根据 USLE 模型计算出的降雨侵蚀因子 R 值、土壤可蚀性因子 K 值和坡度坡长因子 LS 值均在《USLE 土壤调查手册》范围内，表明这些系数可以应用于调查区域。另外，覆盖与管理因子 C 值对热带雨林植被的表面侵蚀预防功能评估不充分。因此，在考虑研究区域的实际情况的前提下利用生物结皮和砾石对 C 值进行下列修正。

样线中有 16 个采样点（占总调查区的 20%）被砾石覆盖，砾石的平均重量为 5.5 千克/平方米。另外，有 54 个采样点被生物结皮覆盖（占总调查区的 68%），平均覆盖率为 23.2%。为了修正土壤侵蚀量，首先，由于斜度为 1°以下时土壤沉积物会产生堆积，因此提取 1°以上的样点后，将其分类为三种场合进行分析：①无须修正（地表无覆盖）；②地表有生物结皮覆盖；③地表有砾石覆盖。将地表有生物结皮覆盖和地表有砾石覆盖分别与土壤侵蚀量实测值、土壤侵蚀量预测值、土壤侵蚀量的偏差率（实测值/预测值）进行分析后发现，只有土壤侵蚀量的偏差率与地表有生物结皮覆盖和地表有砾石覆盖之间有显著相关关系，因此使用土壤侵蚀的偏差率进行以下分析。

结果如图 4 - 6 所示，土壤侵蚀量的偏差率与地表有生物结皮覆盖之间存在显著负相关关系（$R^2 = 0.54$，$p < 0.001$）。得到如下关系式：

$$y = 74.9e^{-0.032x}$$

其中，y 为土壤侵蚀偏差率（%），x 为生物结皮覆盖率（%）。由于土壤侵蚀的偏差率随着生物结皮覆盖率的增加而降低，因此使用指数近似曲线。

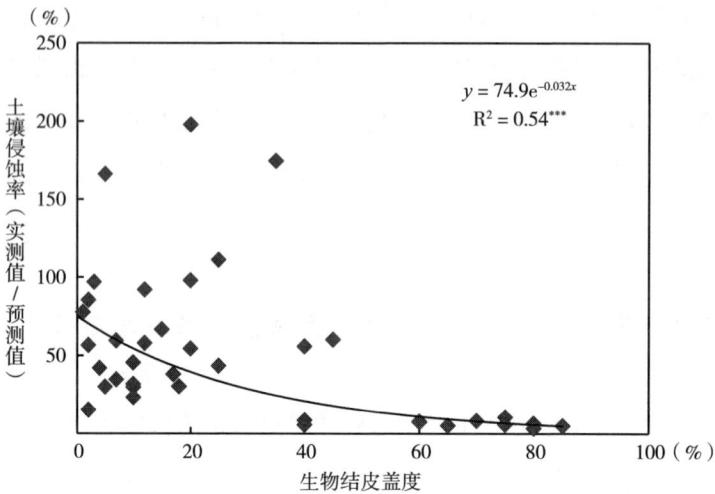

图4-6 土壤侵蚀率与生物结皮盖度之间的关系

注：*** 表示 p < 0.001。

此外，如图4-7所示，土壤侵蚀偏差率与地表有砾石覆盖之间也存在显著的负相关关系（$R^2 = 0.34$，$p < 0.001$），由以下关系式表示：

$$y = 22.209x^{-0.546}$$

其中，y 为土壤侵蚀量的偏差率（%），x 为砾石重量（千克/平方米）。由于土壤侵蚀的偏差率随着砾石重量的增加呈现出特定频率的下降趋势，因此采用乘方近似曲线。

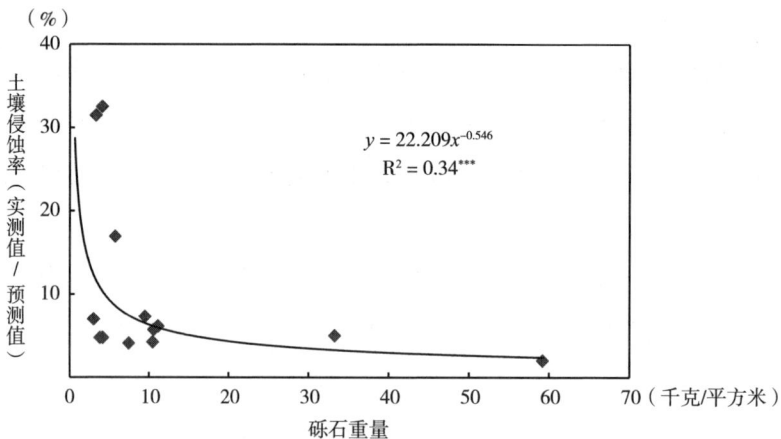

图4-7 土壤侵蚀率与砾石重量之间的关系

注：*** 表示 p < 0.001。

接下来，将生物结皮覆盖率代入土壤侵蚀量偏差率与生物结皮的关系式，将砾石重量代入土壤侵蚀量偏差率与砾石的关系式中，对各个土壤侵蚀量的偏差率（即 C 值的修正系数）进行预测。通过采用该 C 值修正系数再次计算土壤侵蚀量的预测值，模型拟合精度明显提高，结果显示修正后的预测值与实测值较为接近，两者之间存在显著相关性（见图 4 - 8，R^2 = 0.20，$p < 0.001$）。与本书研究结果类似的是，随着结皮盖度的增加，土壤侵蚀量随之减少，而且当结皮盖度大于 50% 时，可以完全抵抗住径流的冲刷（Rey et al.，2021）。还有研究者在西班牙东部实验场通过对比高降雨强度和低降雨强度，得出泥沙来源主要是物理结皮及裸露的土壤，覆盖完善的生物结皮区域即便发现了较高的径流量，侵蚀量也几乎很少（Emilio，2014）。另外，有研究证实生物结皮减少侵蚀主要是由于其覆盖和物理保护，地面覆盖物（作物残茬、植被、枯落物、生物结皮、砾石覆盖物等）通过影响侵蚀动力学而不是通过影响土壤性质来减少侵蚀（Knapen et al.，2007；Bowker et al.，2011）。这是由于生物结皮对土壤稳定性的改善与其水平方向极其稳定的层状结构有关，这种特殊的层状结构能够增强土壤抵抗雨滴溅蚀的能力和抗冲性（Belnap，2006）。还有，李建明等（2016）发现含砾石坡面（10%、20%、30%）的平均侵蚀量均要小于土质坡面（砾石含量为 0），砾石含量的增加可以有效减少侵蚀，这也与本书的研究结果相似。

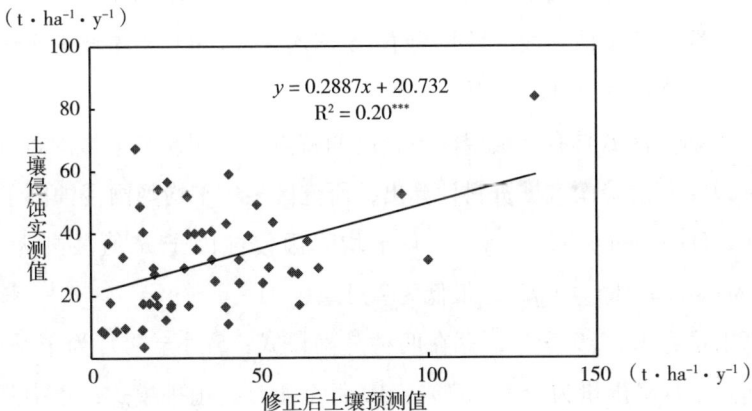

图 4 - 8　土壤实测值与修正后预测值之间的关系

注：*** 表示 $p < 0.001$。

综上所述，土壤侵蚀量在很大程度上取决于地表的覆盖物，生物结皮和砾石的水土保持功能使其成为土壤侵蚀预报模型中的重要参数，在考量地表生物结皮和砾石的前提下对土壤侵蚀预报模型的修正可准确评估热带雨林国家公园道路的土壤侵蚀量。为了保护热带地区国家公园免受土壤侵蚀的困扰，可以考虑在道路上铺设规定重量的碎石和木屑、人工培育生物结皮，有助于减轻由降雨造成的水土流失。

4.4　本章小结

本章以马来西亚热带雨林的兴楼云冰国家公园为研究对象，通过对通用土壤流失方程式覆盖与管理因子的进一步修正，开发适合湿润地区公园道路及周边地带由旅游活动引起的土壤侵蚀评估方法，获得以下主要研究成果。

（1）土壤侵蚀预报模型 USLE 的部分因子可应用于研究区域。通过土壤侵蚀预报模型 USLE 估算得出研究区域的土壤侵蚀预测值范围为 7.7 ～ 750.7 t·ha^{-1}·y^{-1}，平均值为 122 t·ha^{-1}·y^{-1}。由于研究区域为裸地且为实施任何保护措施，依照《USLE 土壤调查手册》的计算方法，覆盖与管理因子 C 值和水土保持措施因子 P 值设置为 1，而降雨侵蚀因子 R 值、土壤可蚀性因子 K 值和坡度坡长因子 LS 值均在《USLE 土壤调查手册》范围内，表明这些系数可以应用于调查区域。

（2）研究区域具有降雨侵蚀力较高的特点。采用研究区域附近气象站 1972 ～ 2011 年的降雨数据资料计算出，研究区多年平均降雨侵蚀因子 R 值为 900.3 MJ·mm·ha^{-1}·y^{-1}，月平均降雨侵蚀因子 R 值最高为 12 月 349.2 MJ·mm·ha^{-1}·y^{-1}，最低为 7 月 8.0 MJ·mm·ha^{-1}·y^{-1}。该地区年均降雨量为 3217.9 毫米，存在两种降雨模式：5 月至 9 月为干季模式，此期间月平均降雨量为 164.7 毫米；10 月至 4 月为雨季模式，集中降雨量大较大，该期间月平均降雨量高达 342.1 毫米，后者是前者的 2.1 倍。

（3）研究区域土壤抗侵蚀性相对较强。根据土壤质地、有机质含量、渗透等级和结构等级计算出不同土壤类型的土壤可蚀性因子 K 平均值：壤土 0.28、黏壤土 0.27、黏土 0.15 和砂质黏土 0.09 $t \cdot MJ \cdot mm^{-1}$。其中，土壤的黏粒和砂粒含量较高，粉粒和极细砂粒含量较小。土壤的砂粒含量范围为 26.4% ~ 52.5%，极细砂粒含量范围为 0.6% ~ 5.9%，粉粒含量范围为 5.6% ~ 42.7%，黏粒含量范围为 25.5% ~ 58.7%。这四种土壤结构相同，都是中粒到粗粒，有机质含量分别为 0.5%、0.6%、0.9% 和 1.0%，壤土的渗透性相对较好，为中等，而黏壤土、砂质黏土和黏土的渗透性分别为缓慢、缓慢至中等和非常缓慢。尽管调查区域土壤有机质含量偏低，土壤渗透性也不高，但是从土壤质地的角度来看，易受侵蚀的粉粒和极细砂粒含量相对较低，而且不易受到降雨侵蚀的黏土（K 值：0.15 $t \cdot MJ \cdot mm^{-1}$）约占总体的 70%，因此研究区域的土壤不太容易受到水力侵蚀影响。

（4）研究区域的坡度相对较缓，地形对土壤侵蚀量的影响较小。通过与《USLE 土壤调查手册》中的坡度坡长因子 LS 值（0.06 ~ 12.9）对比，样线的 LS 值为中下等程度，范围为 0.07 ~ 4.9。样线地形呈现波状分布，一共出现 5 个斜坡，斜坡的长度分别为 150 米、240 米、145 米、125 米和 130 米。坡度在 1% 或以下的斜坡约占整个样线的 21%，超过 5% 的地方约占 35%，其中，最陡坡面的坡度为 16.7%。从整体来看，坡度坡长不是造成研究对象区域水土流失的主要原因。

（5）原模型估算精度较差。通过对原模型标准算法计算得出的土壤侵蚀预测值与侵蚀沟横断面面积计算得出的土壤侵蚀实测值的对比发现，预测值的平均值为 122 $t \cdot ha^{-1} \cdot y^{-1}$，实测值的平均值为 27.0 $t \cdot ha^{-1} \cdot y^{-1}$，原模型预测值远远大于对应采样点的实测值，预测值和实测值之间不存在显著相关性。研究发现在土壤表层有生物结皮和砾石覆盖的地点，预测值估计的土壤侵蚀量较大，而实测值计算出的土壤侵蚀量较小。

（6）原模型对研究区土壤侵蚀量估算值偏大，主要是由于没有考虑生物结皮和砾石的作用，需将生物结皮和砾石因子修正到原模型。将地表有生物结皮覆盖和地表有砾石覆盖分别与土壤侵蚀量实测值、土壤侵蚀量预测值、土壤侵蚀量的偏差率［实测值/预测值（%）］进行分析后发现，土壤侵蚀量的偏差率与地表有生物结皮覆盖之间存在显著负相关关系（R^2 =

0.54，$p < 0.001$），二者可以使用指数近似曲线关系式表示：$y = 74.9e^{-0.032x}$。土壤侵蚀偏差率与地表有砾石覆盖之间也存在显著的负相关关系（$R^2 = 0.34$，$p < 0.001$），二者可以使用乘方近似曲线关系式表示：$y = 22.209x^{-0.546}$。使用修正后的覆盖与管理因子重新计算预测值之后发现，预测值和测量值之间存在显著相关关系。这主要是因为原模型中仅考虑植被冠层盖度与植被株高对土壤侵蚀的影响，当模型中加入生物结皮盖度和砾石重量因子后，更能够准确地解释地面覆盖对土壤侵蚀影响以及各个因子的贡献，从而提高了模型模拟结果的精度。

综上所述，在计算 USLE 公式中与地表覆盖率相关的作物管理系数时，需要考虑土壤侵蚀的偏差率和地表生物结皮覆盖的影响，以及土壤侵蚀的偏差率和地表砾石覆盖的影响。此外，基于上述研究结果，在考虑保护热带雨林国家公园（特别是防止游步道周围的水土流失）时，通过沿路铺设一定量的砾石、木屑或人工培育生物结皮，可能有助于缓解伴随热带雨林旅游利用引起的土壤侵蚀。

第 5 章

马来西亚国家公园外来植物分布及其影响因素

5.1 样地基本情况

为了掌握毛野牡丹藤在公园中的入侵状况，探讨不同土地利用类型下环境因素（光环境、土壤环境）对毛野牡丹藤分布的影响，笔者分别于 2012 年 5 月和 2012 年 9 月在公园佩塔区域的旅游活动区（与第 4 章调查区相同）开展毛野牡丹藤植被调查、林冠开度测定和土壤样品采样工作。具体来说，在旅游活动区的瓜拉贾辛和瓜拉马隆分别按照道路、游步道、森林三种土地利用类型布设 3 条 300 米样线，每条样线以 10 米间隔进行采样和测定，共计 6 条样线、180 个采样点。瓜拉贾辛和瓜拉马隆均位于道路和游步道交界处附近。徒步等旅游活动在瓜拉马隆更常见，因为瓜拉贾辛是游客进入丛林的入口，而瓜拉马隆附近有若干旅游景点。瓜拉贾辛的 3 条样线包括从瓜拉贾辛到瓜拉马隆的游步道和附近森林，以及从瓜拉贾辛到乌北古灵的道路。瓜拉马隆的 3 条样线包括从乌北古灵到瓜拉马隆的游步道和附近森林，以及从乌北古灵到瓜拉贾辛的道路。

道路是在公园开放前的森林砍伐时期（1970~1980 年）为搬运采伐木材而修建，位于林冠相对开阔的区域，宽度约为 2~7 米，公园工作人员为履行公园管理职责每周会驱车经过 1~2 次。游步道位于林冠相对郁闭的区域，是专门为游客热带雨林徒步探险修缮的小路，禁止车辆通行，宽约

0.5~2米。道路和游步道地表均保持自然状态，未进行道路硬底化。预调研结果显示，在道路和游步道两侧确认有毛野牡丹藤存在，在远离道路和游步道的森林区域（植被茂密，不借助工具几乎无法进入，距道路边界20米范围）几乎未发现毛野牡丹藤。因此，森林的样线布设在距离游步道边界5米处的林内，作为未受旅游影响的对照区。

5.2　野外采样和数据处理

5.2.1　外来植物及林冠调查

如图5-1所示，为了方便调查作业，沿样线延伸的方向在道路两侧各设置一个1米×10米的长方形样方，测定样方内毛野牡丹藤个体的株数。对于毛野牡丹藤密度较高的道路，设置1米×1米的样方进行调查。森林中则布设2米×10米样方进行调查。采用单位面积的株数计算毛野牡丹藤的密度。

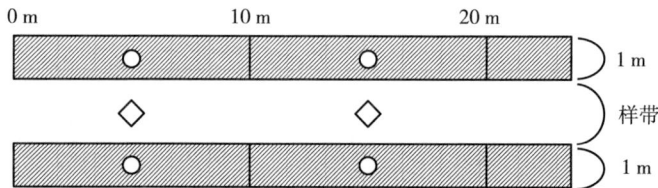

图5-1　土壤取样及外来植物和林冠影像测定示意

注：▨表示测定外来植物，○表示收集土壤样本，◇表示拍摄林冠影像。

林冠是由冠层乔木的枝叶和层内空隙所构成，因此森林冠层结构可以由林冠开度来反映，即从林地某个点向上仰视，未被树木枝叶所遮挡的天空球面的百分数。为了测定林冠开度，在每个采样点使用数码相机（Coolpix990，Nikon）外接鱼眼镜头转换器（Fish - eye Converter FC - E8，Nikon，广角为183°，正投影）获取半球面林冠影像。由于森林中的地表过于柔软加上有大量林下植物，无法固定三脚架，故未能拍摄森林样线的林冠影像。相机与鱼眼镜头的组合用三脚架固定，镜头朝上，并使用水平仪调整到水平位置，用指南针确定方向，使记录的照片顶部与磁北方向重合，镜头高度为 1.3 米左右，在选取的每个地点拍摄 3 ~ 5 张。为了确保光照条件一致，同时最小化直射阳光造成的眩光，选择在能见度良好的阴天、日出的时间进行全天空测量。然后使用图像软件 HemiView（Delta – T device inc）对林冠开度进行量化分析。

5.2.2　土壤取样及理化分析

为了获取土壤理化性质数据，在 6 个样线 180 个采样点上，使用 100 毫升取土环刀对采样点的表层土壤（0 ~ 5 厘米）进行采样，每个采样点进行 3 次重复。另外，使用山中土壤硬度计（No. 351，藤原制作所，日本产）测定土壤硬度，每个采样点反复测量 5 次。由于森林的土壤表层覆盖很厚的植被枯落物且相对柔软，故无法测定森林样线的土壤硬度。土壤样品带回日本的实验室后，首先将部分土壤样品（湿土）在 105℃下干燥 24 小时，其次通过测定土壤重量算出土壤容重。剩余样品剔除土壤中的根系、石块及动植物残体后，风干研磨，对 2 毫米以下的风干土进行下述理化分析。土壤样品分析均遵循《日本土壤环境分析法》的有关方法进行测定（土壌環境分析法編集委員会，1997）。全碳含量（TC）和全氮含量（TN）使用元素分析装置（NC – 800 – 13N，住化分析センター）利用干式燃烧法（乾式燃焼法）测量。由于表层土壤吸水性强，pH 值（H_2O）按照 1∶5 土水比采用玻璃电极法（ガラス電極法）测定。电导率（EC）同样采用 1∶5 土液比通过水浸法（水浸出法）测定。

5.2.3　统计分析

利用 Kruskal – Wallis 非参数方差分析来检验不同土地利用类型毛野牡丹藤密度、林冠开度和土壤理化性质（土壤容重、土壤硬度、pH 值、电导率、全碳含量、全氮含量）的显著差异性，当检测到显著差异时使用

Duncan 法进行多重比较。显著性水平设定为 5%。瓜拉贾辛和瓜拉马隆两个调查区共享森林、小径、道路三种土地利用类型的边界，因此可以通过比较各调查区内的数据来评估土地利用类型的影响，同时最大限度地减少空间差异的影响。出于实际情况考虑无法对森林内的土壤硬度和林冠开度进行测定，因此林冠开度仅比较道路与游步道之间的差异。

广义线性混合效应模型（GLMMs）为线性混合效应模型的自然延伸，是唯一具有随机效应指数分布族的回归方法，采用一个连接函数将反应变量的均数与个体的线性预测值联系起来，它可以用随机效应拟合各类型相关数据结构模型，可用于解决连续型和分类变量的纵向研究问题，适合解析本章获取的数据类型。为了探讨毛野牡丹藤分布与环境因素之间的关系，采用 GLMMs 检验道路和游步道沿线的毛野牡丹藤密度跟林冠开度和土壤理化性质等环境影响因素是否相关。在开始 GLMMs 检验之前，利用 Pearson 相关系数确定了解释变量之间的关系，发现土壤硬度和土壤容重、全氮含量和全碳含量两组数据内存在显著相关关系，为了消除多重共线性的影响，构建的模型中仅使用土壤容重和全氮含量作为解释变量。同时因为森林样线上未发现毛野牡丹藤踪迹，故此阶段分析剔除森林样线相关数据。GLMMs 的概率分布设置为负二项式分布。为了校正在不同时间和空间范围内的采样数据，随机效应设定为调查区 ID，偏移项设定为样方面积。分别根据道路、游步道、道路和游步道整体建立了 GLMMs 模型，响应变量为毛野牡丹藤密度，控制变量为土壤容重、土壤 pH 值、全氮含量和林冠开度。根据小样本量的赤池信息量准则（Akaike's Information Criterion，AICc）（Akaike，1973）评估了所有可能的变量组合模型，考虑到模型拟合度与所含参数数量之间的权衡，选择 AICc 值最低的模型作为最佳模型。在本章中，选择与最佳模型的 AICc 值相差 4 个点以内的模型作为受支持的模型（Burnham & Anderson，2004）。相对变量重要性（RVI）用于评估每个解释变量的相对重要性。上述统计分析均使用统计软件 R3.2.1，GLMMs 在 MASS 包的 glmmADMB 模块中运行，模型选择在 MuMIn 包的 dredge 模块中运行。

5.3　结果与讨论

5.3.1　不同土地利用类型下毛野牡丹藤的分布状况

　　旅游活动干扰下，不同土地利用类型之间的毛野牡丹藤密度存在显著性差异。在瓜拉贾辛和瓜拉马隆调查区的 6 条样线中共计观察到 1877 株毛野牡丹藤个体（平均密度 3.8 株/平方米）。在瓜拉贾辛调查区的游步道（T1）上发现毛野牡丹藤 28 株，占调查区总数的 1%，瓜拉马隆调查区的游步道（T2）上发现 767 株，占总数的 41%，瓜拉马隆调查区的道路（R2）上发现 1082 株，占总数的 58%，其他样线均未发现毛野牡丹藤踪迹。所有样线中，毛野牡丹藤分布在瓜拉马隆调查区的道路（R2）最多，瓜拉贾辛调查区的游步道（T1）最少，从株数来看，瓜拉马隆比瓜拉贾辛多，表明毛野牡丹藤数量随着地点的不同呈现明显的变化趋势。

　　为了排除地点的影响，接下来对各调查区分别进行分析。图 5-2 展示了各调查区道路、步道和森林样线之间毛野牡丹藤密度的比较。在瓜拉贾辛，游步道的毛野牡丹藤密度为 0.05 株/平方米（平均值），道路和森林未观察到毛野牡丹藤，游步道显著高于道路和森林（$p = 0.02$）。在瓜拉马隆，道路的毛野牡丹藤密度高达 13.7 株/平方米（平均值），游步道为 1.3 株/平方米（平均值），森林中未观察到毛野牡丹藤，道路显著高于游步

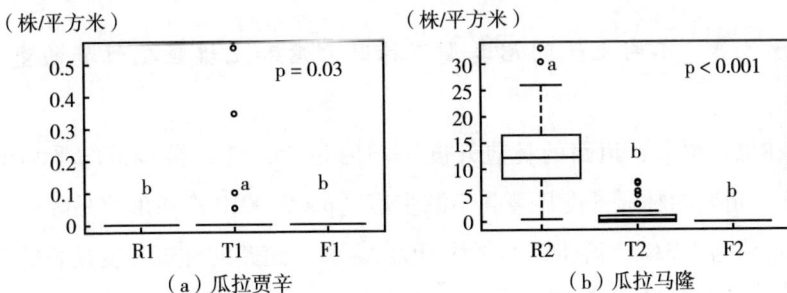

图 5-2　不同土地利用类型毛野牡丹藤密度差异特征

道和森林（p<0.001）。道路随着使用年限的增加，干扰、繁殖体压力和适宜的生存条件不断积累，故而外来植物大量聚集在道路边界上。上述结果表明毛野牡丹藤的分布状况根据土地利用类型的不同存在显著性差异。

整体而言，毛野牡丹藤仅分布于道路和游步道，而距离游步道仅5米的森林地表却未发现其任何踪迹。在研究区域，道路和游步道显然为毛野牡丹藤提供了合适的栖息地，给当地群落物种的更替带来不良影响。与本章研究结果类似的是，目前在世界各地的保护区和国家公园的道路和游步道上同样发现了大量的外来入侵植物，例如智利（Pauchard & Alaback，2004）、越南（Tan et al.，2012）和印度尼西亚（工藤芳文，2014）。由此可以推断，外来物种已经普遍出现在热带地区的自然保护区道路和游步道附近。道路和游步道既是国家公园的重要基础设施，同时也是典型的线性廊道，它能够增加破碎化生境中生物个体和基因流的传播（Forman & Alexander，1998）。道路和游步道作为载体，一般通过两种方式促进外来物种入侵保护区。第一种是通过外部的人和车辆为外来植物提供迁徙走廊（Von Der Lippe & Kowarik，2007），进入公园的游客可能会通过衣服、鞋底、设备、车辆和宠物把外来植物的种子运输到很远的地方，甚至国外（Pickering & Mount，2010）。第二种则是创造适宜外来植物生长的新环境（Greenberg et al.，1997）。尤其是针对像毛野牡丹藤这样能够在未受干扰的原始森林中定植的入侵物种（Fujinuma & Harrison，2012；Peters，2001），今后更需要对其进行精细化管理。

5.3.2 不同土地利用类型下林冠开度和土壤理化性质的变化

在瓜拉贾辛，道路的林冠开度平均值为35.8%，游步道的平均值为7.7%，道路的林冠开度显著高于游步道（p<0.001）。在瓜拉马隆，道路的平均值为7.3%，游步道的平均值为9.4%，道路的林冠开度显著低于游步道（p<0.001）（见图5-3）。调查发现，瓜拉贾辛的道路（2.2~7.0米）比步道（0.5~1.0米）宽，但在瓜拉马隆则不然，该区域的道路

（2.0～3.8 米）和步道（0.8～2.0 米）几乎同样狭窄。结合两个调查区来看，游步道的林冠开度（8.6%±0.6%）显著低于道路（21.5%±1.0%）。这表明林冠开度因道路类型、宽度产生差异。基于毛野牡丹藤出现频率最高的瓜拉马隆道路林冠开度仅为 7.3%，表明毛野牡丹藤可能更容易定植在具有一定亮度的生境。然而，瓜拉贾辛游步道的林冠开度为 7.7%，与出现频率最高的瓜拉马隆道路的冠层开放度非常相似，但密度却只有 0.05株/平方米。上述结果表明，除了代表光环境的林冠开度以外，可能还有其他环境因素影响毛野牡丹藤的分布。

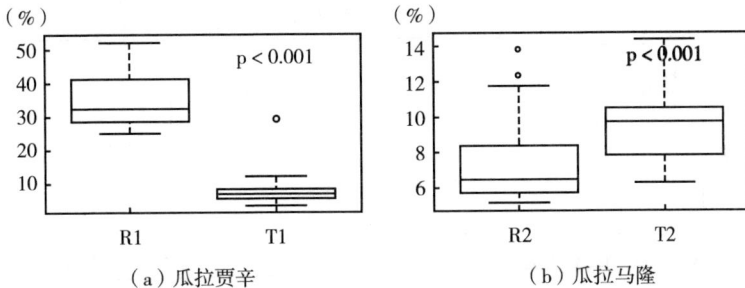

图 5 – 3 不同土地利用类型林冠开度差异特征

土壤容重的大小反映土壤结构、透气性、透水性以及保水能力的高低。如图 5 – 4 所示，瓜拉贾辛道路的土壤容重平均值为 1.5 克/立方厘米，游步道为 0.9 克/立方厘米，森林为 0.9 克/立方厘米，道路显著高于游步道和森林（p＜0.001）。瓜拉马隆道路的土壤容重平均值为 1.4 克/立方厘米，游步道为 1.08 克/立方厘米，森林为 1.02 克/立方厘米，道路显著高于游步道和森林（p＜0.001）。与之相关联的，瓜拉贾辛道路的土壤硬度平均值为 23.4 毫米，游步道则为 10.0 毫米，道路显著高于游步道（p＜0.001）。瓜拉马隆道路的土壤硬度平均值为 12.7 毫米，游步道为 7.8 毫米，与瓜拉贾辛的结果相同，道路显著高于游步道（p＜0.001）（见图 5 – 5）。综上所述，研究发现大部分的毛野牡丹藤分布于表层土壤紧实度较高的道路沿线，表明该物种能够抵抗游客带来的踩踏压力，该研究结果与前人研究一致。

（克/立方厘米）　　　　　　　　　　　（克/立方厘米）

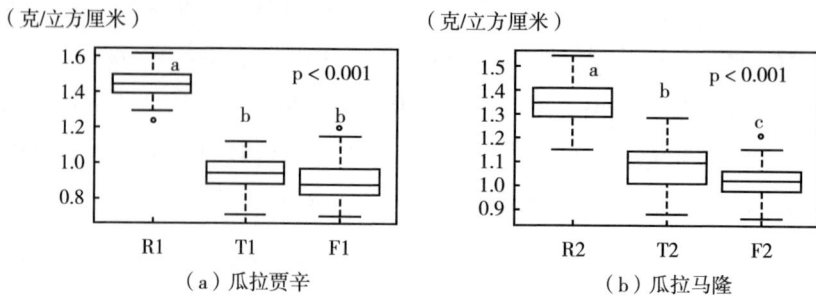

（a）瓜拉贾辛　　　　　　　　　　　（b）瓜拉马隆

图5-4　不同土地利用类型土壤容重差异特征

（毫米）　　　　　　　　　　　　　（毫米）

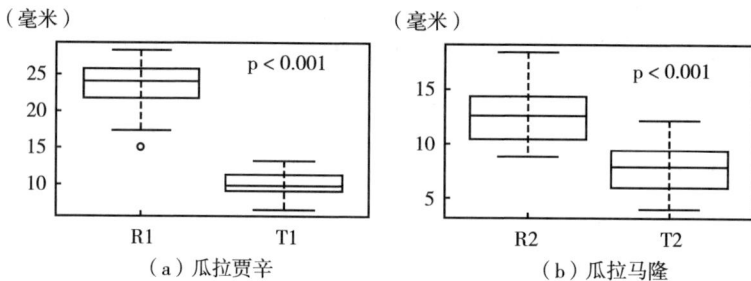

（a）瓜拉贾辛　　　　　　　　　　　（b）瓜拉马隆

图5-5　不同土地利用类型土壤硬度差异特征

如图5-6所示，瓜拉贾辛道路的pH平均值为5.0，游步道为4.6，森林为4.7，道路显著高于森林，而森林显著高于游步道（p<0.001）。瓜拉马隆道路的pH平均值为4.9，游步道为4.8，森林为4.5，道路和游步道显着高于森林（p<0.001）。土地利用类型之间土壤pH值存在显著性差异，表明毛野牡丹藤倾向于分布在土壤pH值呈弱酸性的环境。除瓜拉贾辛的游步道外，其他道路和游步道样线的土壤pH值均高于作为对照区的森林样线。由于年均降水量高，热带森林土壤通常呈酸性（Jenny, 1994），一部分原因是地表植被凋落物在热带雨林的养分循环和森林地面保护方面发挥着重要作用（Sayer, 2006）。与之相对的，植被凋落物的减少会降低由凋零物产生的有机酸，从而导致土壤pH值增加（Smyth et al., 2016）。因此，道路修缮和利用过程中，人为地去除地表植被凋落物、土壤表层的裸露会造成土壤pH值升高，从而创造出适宜毛野牡丹藤成长的生境。土壤pH值和电导率对植物生长的影响是相互作用的。一般来说，土壤pH值

越低，土壤中的离子含量就越高，电导率也就越高。瓜拉贾辛道路的电导率平均值为 2.0 mS·m^{-1}，游步道为 6.7 mS·m^{-1}，森林为 7.4 mS·m^{-1}，游步道和森林显著高于道路（p < 0.001）。瓜拉马隆道路的电导率平均值为 3.1 mS·m^{-1}，游步道为 6.8 mS·m^{-1}，森林为 8.8 mS·m^{-1}，道路显著低于游步道，游步道显著低于森林（p < 0.001）。土壤盐分的降低是路边植物群落物种组成变化的主导因素。结合前面的数据来看，毛野牡丹藤出现频度最高的地方的土壤盐分浓度相对较低（见图 5 - 7）。

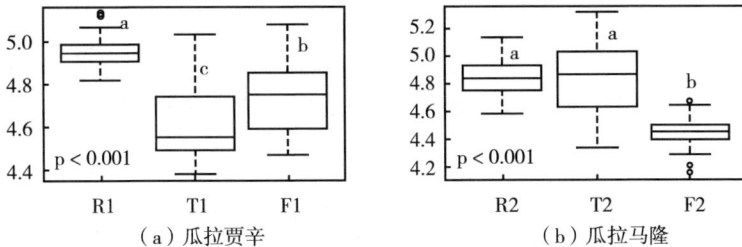

（a）瓜拉贾辛　　　　　　（b）瓜拉马隆

图 5 - 6　不同土地利用类型土壤 pH 值差异特征

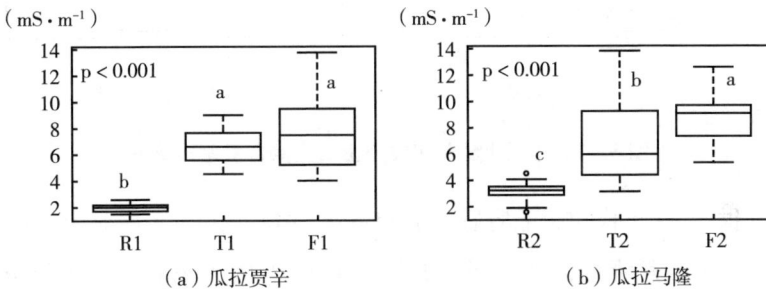

（a）瓜拉贾辛　　　　　　（b）瓜拉马隆

图 5 - 7　不同土地利用类型土壤电导率差异特征

土壤全碳和全氮含量代表土壤肥力的优劣。瓜拉贾辛道路全碳含量平均值为 4.0 吨/公顷，游步道平均值为 12.8 吨/公顷，森林平均值为 12.9 吨/公顷，道路显著低于游步道和森林（p < 0.001）。瓜拉马隆道路全碳含量平均值为 6.6 吨/公顷，游步道为 7.9 吨/公顷，森林为 8.4 吨/公顷，森林显著高于道路和游步道（p < 0.05）（见图 5 - 8）。瓜拉贾辛道路全氮含量平均值为 0.3 吨/公顷，游步道平均值为 0.8 吨/公顷，森林平均值为 0.8 吨/公顷，道路显著低于游步道和森林（p < 0.001）。瓜拉马隆道路的

全氮含量平均值为 0.46 吨/公顷，游步道为 0.51 吨/公顷，F2 为 0.55 吨/公顷，道路显著低于游步道和森林（p < 0.05）（见图 5 - 9）。这说明，毛野牡丹藤趋向于在土壤有机质含量较低、土壤营养状况不佳的地区繁殖。

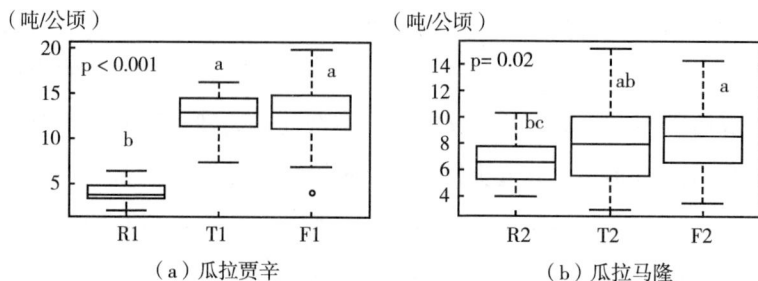

（a）瓜拉贾辛　　　　　　　　　（b）瓜拉马隆

图 5 - 8　不同土地利用类型土壤全碳含量差异特征

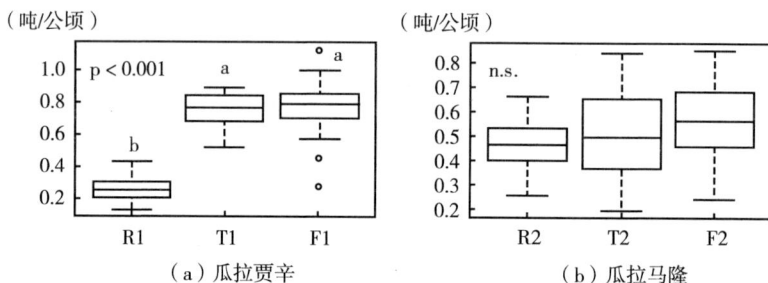

（a）瓜拉贾辛　　　　　　　　　（b）瓜拉马隆

图 5 - 9　不同土地利用类型土壤全氮含量差异特征

20 世纪 90 年代初，毛野牡丹藤首次被发现入侵马来西亚半岛的帕索森林保护区，有研究称其分布与野猪造成的土壤干扰有关（Fujinuma & Harrison，2012；Peters，2001）。从本章结果来看，虽然旅游活动区内毛野牡丹藤的分布因地点和土地利用类型的不同而存在一定差异，基于仅在道路和游步道上发现毛野牡丹藤的入侵，故而认为国家公园的旅游道路为毛野牡丹藤的繁殖提供了促进作用。而热带雨林中道路和步道的建设和利用会极大地影响周围的微环境，特别是光照条件（Laurance et al.，2009）。这些影响因空地大小和土地利用类型而异。研究结果证实，毛野牡丹藤需要有一些阳光的地方才能定植，在森林中相对郁闭的光环境下反而生长状况不佳。这表示，从光照条件来说，毛野牡丹藤无法与森林树种竞争，但如果森林中有适度的光照条件，毛野牡丹藤的幼苗将存活并开始建立可用的栖息地。因此，通过缩短道路宽度来控制光照条件有可能降低毛野牡丹藤的入侵风险。

人类的踩踏会导致土壤压实，但长期有车辆碾压的未硬底化道路会导致更严重的土壤板结，且这种情况可能会持续数十年（Vora，1988）。本章结果表明，游步道的土壤容重与森林类似，比道路低。游客的利用可能会较高程度影响道路附近的土壤和植被，但对游步道沿线的土壤和植被影响程度相对较小。在研究区域，道路及其附近的土壤紧实情况比游步道更加普遍，这是因为土壤的紧实度在很大程度上取决于外部施加的压力大小。

道路沿线的全碳和全氮含量均低于游步道和森林，这意味着土壤表层的植被覆盖减少和径流增加可能会影响全碳和全氮含量（Janeau et al.，2014；Misra & Teixeira，2001）。植被凋零物与森林养分之间存在显著正相关关系，对土壤表层的凋零物进行清除处理后，土壤中的全碳和全氮会迅速地下降（Sayer，2006）。这说明道路建设扰乱了森林土壤表层，为毛野牡丹藤的生长提供了合适的条件。

有研究表明，外来物种的引入可以直接或间接地影响生态系统，用单一外来物种取代本地物种并促进当地物种灭绝（Rejmánek，1996）。在本研究区范围内，毛野牡丹藤沿道路和游步道两侧分布，区域内植被群落统一，几乎未发现其他植物种类。可以推测毛野牡丹藤沿道路的广泛传播对该地区本地物种的分布产生了一定影响。与热带雨林砍伐森林和种植农业园相比，建设道路和游步道以及游客的踩踏是较小的干扰，但毛野牡丹藤可能更喜欢这种适度的土地环境改变，这一研究结果与中度干扰假说的预测一致（Connell，1978）。即适度的干扰会减少当地物种，并为入侵物种创造空位，于是道路建设为入侵物种提供了在干扰后繁殖的机会。综上所述，道路样线的林冠开度和土壤变量的总体变化水平比游步道更高。

5.3.3 毛野牡丹藤分布与环境因子的关系

为了探讨影响毛野牡丹藤分布的环境因素，按照不同土地利用类型构建了 GLMMs 模型并使用 AIC 选择最佳模型：（1）道路；（2）游步道；（3）道路和游步道。结果如表 5 - 1 所示。对毛野牡丹藤的定殖产生驱动的林冠开度和土壤变量在道路和游步道之间有所不同。土壤 pH 值和林冠开度对道路沿线的毛野牡丹藤密度产生负面影响，而全氮含量对游步道的毛野牡丹藤密度产生负面影响。将道路和游步道的数据结合起来分析发现，毛野牡丹藤的密度受到林冠开度和土壤全氮含量的负面影响，其中，林冠开度的影响最大。综上所述，在道路上，毛野牡丹藤定植于土壤弱酸性的适度黑暗的环境，但在光照环境较差的游步道上，毛野牡丹藤则定植于有机质含量低且土壤结构及孔隙性较差的环境。整体来看，毛野牡丹藤似乎更趋向于生长在土壤有机质含量较低的适度明亮的生境。即毛野牡丹藤倾向于分布在林冠开度为 5.1% ~ 14.3%（7.3 ± 2.3%，平均值 ± SD），土壤表层紧实（土壤容重：1.4 ± 0.1 克/立方厘米）、营养物质中度贫乏（全氮：0.5 ± 0.1 吨/公顷）和弱酸性土壤（pH：4.9 ± 0.1）的地点。

表 5 - 1　　　　　　　　毛野牡丹藤分布密度与环境因子的关系

土地类型	控制变量	回归系数	标准误差	z	RVI
道路	林冠开度	-5.266	1.394	3.753 ***	1.000
	pH 值	-2.684	0.811	3.243 **	1.000
	全氮含量	0.229	0.672	0.336	0.300
	土壤容重	0.087	0.398	0.215	0.200
游步道	林冠开度	-0.186	0.214	0.861	0.600
	pH 值	0.018	0.124	0.139	0.180
	全氮含量	-1.002	0.235	4.189 ***	1.000
	土壤容重	-0.043	0.147	0.288	0.230
全部	林冠开度	-2.740	0.584	4.646 ***	1.000
	pH 值	-0.267	0.311	0.855	0.590
	全氮含量	-0.886	0.359	2.449 *	0.900
	土壤容重	0.244	0.498	0.489	0.400

注：*** 表示 $p < 0.001$，** 表示 $p < 0.01$，* 表示 $p < 0.05$；RVI 代表相对变量重要性。所有数据均标准化处理。

林冠开度是影响道路和游步道上毛野牡丹藤密度的最重要环境因素。

研究区域的林冠开度变化幅度大，但仅在林冠开度较低的地点发现毛野牡丹藤的个体。该物种在其原生栖息地的委内瑞拉和特立尼达主要生长在森林小径、道路和空地的边缘地域，在阳光充足的开阔区域反而很少发现（Wester & Wood，1977）。此外，在帕索森林保护区的森林间隙和相对明亮的地区也发现了毛野牡丹藤的入侵（Peters，2001）。由此可以断定，毛野牡丹藤无论是在其原产地还是新栖息地都是入侵森林带状间隙等易受干扰区域的专家。

另外，土壤特性同样对毛野牡丹藤的定植产生重要影响。其中，土壤 pH 值是影响毛野牡丹藤沿路分布的第二重要因素。存在大量毛野牡丹藤的道路两侧的土壤 pH 值普遍高于森林，这些地方通常植被结构单一，而土壤 pH 值酸性更强植被群落结构更丰富的森林中却未发现毛野牡丹藤，这意味着毛野牡丹藤能够耐受弱酸性的土壤环境而不是酸性强度高的。有研究者提出了一些外来植物的入侵生境的土壤 pH 值和范围，不同物种适应的土壤 pH 值和范围也不尽相同（Ruwanza & Shackleton，2016；Soti et al.，2015）。另外，土壤全氮是影响游步道的毛野牡丹藤密度的唯一重要因素，这可能是由于游步道沿线的林冠开度比较适宜毛野牡丹藤的生长，同时加上土壤营养贫乏两种因素叠加的缘故。研究者指出，入侵植物在资源条件不良的环境中通常表现得比在原生地更加出色（Funk & Vitousek，2007；Parker et al.，2013），并且在营养贫乏的土壤中占植被群落主导地位（Christian & Wilson，1999；Leary et al.，2006）。通过上述结果可以推测，在旅游道路上保留落叶等凋零物一方面可以减缓人类、车辆等对表层土壤施加的压力；另一方面有助于维持土壤酸碱度、养分等微环境的平衡，对外来物种的入侵形成一定阻碍。

5.4　本章小结

为了阐明徒步旅行等线性旅游利用方式引起的外来物种入侵机制，在马来西亚半岛柔佛州兴楼云冰国家公园采用广义线性混合效应模型针对不同区域不同土地利用类型阐明了环境因素（土壤环境和光环境）对侵略性外来植物毛野牡丹藤的分布造成的影响，得出以下研究结果。

（1）毛野牡丹藤的分布状况根据土地利用类型的不同存在显著性差异。在国家公园的6个地点沿300米样线调查了三种土地利用类型（道路、游步道和热带雨林内部）的外来物种入侵情况后发现，在研究区域共确认外来植物毛野牡丹藤个体1877株（平均密度：3.8株/平方米）。该物种只入侵于道路和游步道，并未出现在森林中。其中，毛野牡丹藤分布在瓜拉马隆调查区的道路最多，瓜拉贾辛调查区的游步道最少。在瓜拉贾辛，游步道的毛野牡丹藤平均密度为0.05株/平方米，道路和森林未观察到毛野牡丹藤，游步道显著高于道路和森林（p = 0.02）。在瓜拉马隆，道路的毛野牡丹藤密度高达13.7株/平方米，游步道为1.3株/平方米，森林中未观察到毛野牡丹藤，道路显著高于游步道和森林（p < 0.001）。

（2）林冠开度随着旅游道路的类型和宽度的变化产生一定差异。从两个调查区来看，游步道的林冠开度（8.6% ± 0.6%）显著低于道路（21.5% ± 1.0%）。林冠开度与旅游道路类型存在一定关系，瓜拉贾辛的道路（2.2～7.0米）比游步道（0.5～1.0米）宽，但在瓜拉马隆则不然，该区域的道路（2.0～3.8米）和游步道（0.8～2.0米）几乎一样狭窄。按照不同区域进行分析发现，在瓜拉贾辛，道路的林冠开度平均值为35.8%，游步道的平均值为7.7%，道路的林冠开度显著高于游步道（p < 0.001）。在瓜拉马隆，道路的平均值为7.3%，游步道的平均值为9.4%，道路的林冠开度显著低于游步道（p < 0.001）。

（3）毛野牡丹藤能够抵抗游客带来的踩踏压力，多分布于表层土壤紧实度较高的道路沿线。瓜拉贾辛道路的土壤容重平均值为1.5克/立方厘米，游步道为0.9克/立方厘米，森林为0.9克/立方厘米，道路显著高于游步道和森林（p < 0.001）。瓜拉马隆道路的土壤容重平均值为1.4克/立方厘米，游步道为1.08克/立方厘米，森林为1.02克/立方厘米，道路显著高于游步道和森林（p < 0.001）。土壤硬度方面也观察到类似结果，瓜拉贾辛道路的土壤硬度平均值为23.4毫米，游步道则为10.0毫米，道路显著高于游步道（p < 0.001）。瓜拉马隆道路的土壤硬度平均值为12.7毫

米，游步道为 7.8 毫米，与瓜拉贾辛的结果相同，道路显著高于游步道（p<0.001）。因此，毛野牡丹藤被认为是一种抗踩踏的物种。此外，由于毛野牡丹藤分布在道路沿线，国家公园为了游客进行的道路改造及修缮可能促进了外来植物毛野牡丹藤的繁殖。

（4）毛野牡丹藤能够耐受土壤盐分浓度相对较低且呈现弱酸性的土壤环境。不同土地利用类型之间土壤 pH 值和电导率存在显著性差异。瓜拉贾辛道路的 pH 平均值为 5.0，游步道为 4.6，森林为 4.7，道路显著高于森林，而森林显著高于游步道（p<0.001）。瓜拉马隆道路的 pH 平均值为 4.9，游步道为 4.8，森林为 4.5，道路和游步道显著高于森林（p<0.001）。瓜拉贾辛道路的电导率平均值为 $2.0 \ mS \cdot m^{-1}$，游步道为 $6.7 \ mS \cdot m^{-1}$，森林为 $7.4 \ mS \cdot m^{-1}$，游步道和森林显著高于道路（p<0.001）。瓜拉马隆道路的电导率平均值为 $3.1 \ mS \cdot m^{-1}$，游步道为 $6.8 \ mS \cdot m^{-1}$，森林为 $8.8 \ mS \cdot m^{-1}$，道路显著低于游步道，游步道显著低于森林（p<0.001）。

（5）毛野牡丹藤倾向于在土壤养分情况不佳的地区繁殖。瓜拉贾辛道路全碳含量平均值为 4.0 吨/公顷，游步道平均值为 12.8 吨/公顷，森林平均值为 12.9 吨/公顷，道路显著低于游步道和森林（p<0.001）。瓜拉马隆道路全碳含量平均值为 6.6 吨/公顷，游步道为 7.9 吨/公顷，森林为 8.4 吨/公顷，道路和游步道显著低于森林（p<0.05）。瓜拉贾辛道路全氮含量平均值为 0.3 吨/公顷，游步道平均值为 0.8 吨/公顷，森林平均值为 0.8 吨/公顷，道路显著低于游步道和森林（p<0.001）。瓜拉马隆道路的全氮含量平均值为 0.46 吨/公顷，游步道为 0.51 吨/公顷，F2 为 0.55 吨/公顷，道路显著低于游步道和森林（p<0.05）。

（6）通过构建 GLMMs 模型了解到土壤 pH 值和林冠开度对道路沿线的毛野牡丹藤密度产生负面影响，而全氮含量对游步道的毛野牡丹藤密度产生负面影响。将道路和游步道的数据结合起来分析发现，毛野牡丹藤的密度受到林冠开度和土壤全氮含量的负面影响，其中，林冠开度的影响最大。即毛野牡丹藤倾向于分布在林冠开度为 5.1%~14.3%（平均值 7.3±SD2.3%），土壤表层紧实（土壤容重：1.4±0.1 克/立方厘米）、营养物质中度贫乏（全氮：0.5±0.1 吨/公顷）和弱酸性土壤（pH：4.9±0.1）的地点。

综上所述，林冠开度是影响道路和游步道上毛野牡丹藤密度的最重要环境因素，其次是土壤 pH 值。存在带状间隙的热带雨林很容易受到外来植物入侵，外来植物的定植可能会威胁到热带雨林的群落结构、生物多样性、物种遗传、森林更新等。本章通过探明毛野牡丹藤的分布状况，解析毛野牡丹藤在光环境和土壤环境方面的生境特征，对于阐明该外来物种能够与本地物种相互竞争并持久存在于新栖息地的原因提供一定见解。

第 6 章

结论与展望

6.1　主要结论

　　草原和森林是地球上最重要的陆域生态系统，对维护国家生态安全、推进生态文明建设具有重要战略性作用，同时也是以自然环境为基础的旅游业（生态旅游）的核心资源。一方面，旅游业是许多发展中国家外汇收入和就业的主要来源，不断为社会经济作出积极的贡献；另一方面，旅游活动给脆弱的生态系统带来沉重压力，加速并加剧了生态系统的衰竭。旅游资源可持续发展研究一直是许多学科领域的研究重点之一。本书以深受旅游活动干扰的典型生态脆弱区——温带草原和热带雨林为切入点，应用土壤学、生态学、草地生态学、水土保持学等相关学科的基本理论和方法，选取中国内蒙古自治区呼伦贝尔草原旅游景区和马来西亚半岛柔佛州热带雨林国家公园作为研究对象，采用野外调查、室内理化分析、经典统计学分析和地质统计学分析等综合定量的评价手段，分析了旅游利用对中国草原退化的植被群落和土壤理化性质的影响，探讨了草原土壤硬度的空间变异特性和空间分布状况及其与植被之间的关系，计算了马来西亚国家公园的年均土壤侵蚀量，进一步修正了通用土壤流失方程式覆盖与管理因子，开发出适合热带地区国家公园道路及周边地带由旅游活动引起的土壤侵蚀评估方法，解明了马来西亚国家公园侵略性外来物种毛野牡丹藤的分布模式，利用广义线性混合效应模型评价了土壤和光照两类环境因素对毛野牡丹藤的分布造成的影响。研究得出以下观点和结论。

1. 旅游活动对草原的植被群落和土壤性质产生影响

在中国内蒙古呼伦贝尔草原旅游景区，由于游客踩踏造成土壤板结，引起表层土壤和植被有机质含量下降，导致草原大面积退化。具体表现为植被群落组成以多年生杂类草本植物为主，同时随着旅游干扰强度的增加，多年生莎草科苔草属植物出现频度增加，而其他科属的植物的频度呈现减少趋势，草地退化指示植物寸草苔成为群落优势物种。利用区的植被盖度、地上生物量、多样性指数、优势物种草高显著低于非利用区，而利用区的优势物种寸草苔的株数却显著高于非利用区。

研究区的土壤以黄土为母质，发生层层次发育明显，不含砾石，没有形成O层土壤质地分别为黏壤土、砂质黏壤土和砂质壤土，土壤被归类为哈普鲁斯托尔土。与未利用区相比，利用区表层土壤的有机碳、全氮、轻组分碳、轻组分氮和阳离子交换容量均有所下降，但两个样区的土壤结构、pH值和电导率没有明显差异。总体来看，与物种数量和多样性指数相比，土壤硬度、物种组成、草高、植被覆盖度和地上生物量可能是评估旅游业造成的草原退化的更有效指标。

2. 地质统计学可以作为评估旅游自然资源状况的有力工具

利用区的土壤硬度显著高于非利用区。通过绘制空间分布图发现土壤硬度的分布格局表现为，由旅游区的中部向周边区域发散递增，结构表现出明显的条带状和斑块状分布的特点。在非利用区，土壤硬度的空间依赖性较低，未检测到变程；而在利用区，土壤硬度空间依赖性较高，Q值为0.7，变程为111米，这表明旅游行为对目标区域土壤硬度的影响在111米范围内。空间距离为旅游区中以游客中心的土壤受旅游活动的影响较大，而越远离核心区域土壤受旅游开发利用的影响就较小。因此，在进行土壤管理时，应加强游客中心景区游道外沿土壤的保护，以减小旅游开发利用对旅游景区土壤的影响。

3. 土壤侵蚀预报模型 USLE 的部分因子可应用于热带国家公园

在马来西亚热带雨林国家公园，通过土壤侵蚀预报模型 USLE 估算得出研究区域的土壤侵蚀预测值范围为 $7.7 \sim 750.7$ t·ha^{-1}·y^{-1}，平均值为 122 t·ha^{-1}·y^{-1}。降雨侵蚀因子 R 值、土壤可蚀性因子 K 值和坡度坡长因子 LS 值均在《USLE 土壤调查手册》范围内，表明这些系数可以应用于调查区域。研究区域具有降雨侵蚀力较高，土壤抗侵蚀性相对较强，坡度相对较缓，地形对土壤侵蚀量的影响较小的特点。但是，通过对原模型标准算法计算得出的土壤侵蚀预测值与侵蚀沟横断面面积计算得出的土壤侵蚀实测值的对比发现，预测值的平均值为 122 t·ha^{-1}·y^{-1}，实测值的平均值为 27.0 t·ha^{-1}·y^{-1}，原模型预测值远远大于对应采样点的实测值，表明原模型估算精度较差。

4. 将生物结皮和砾石因子修正到 USLE 模型后拟合精度增加

原模型对研究区土壤侵蚀量估算值偏大，主要是由于尽管《USLE 土壤调查手册》提到了生物结皮和砾石，但是没有关于两者具体参数，导致 USLE 模拟的精度有误。因此，需将生物结皮和砾石因子修正到原模型。通过把生物结皮覆盖率代入土壤侵蚀量偏差率与生物结皮的关系式，把砾石重量代入土壤侵蚀量偏差率与砾石的关系式，对各个土壤侵蚀量的偏差率进行预测并再次计算土壤侵蚀量的预测值后发现，模型拟合精度明显提高，修正后的预测值与实测值较为接近，两者之间存在显著相关性。

5. 毛野牡丹藤的分布根据土地利用类型的不同存在显著性差异

同样是在马来西亚热带雨林国家公园，调查发现，研究区域中共确认外来植物毛野牡丹藤个体 1877 株（平均密度为 3.8 平方米）。该物种只入侵于道路和游步道，并未出现在森林中。在瓜拉贾辛，游步道的毛野牡丹藤平均密度显著高于道路和森林。在瓜拉马隆，道路的毛野牡丹藤平均密度显著高于游步道和森林。林冠开度随着旅游道路的类型和宽度的变化产生一定差异。从两个调查区来看，游步道的林冠开度显著低于道路。毛野牡丹藤能够抵抗游客带来的踩踏压力，多分布于表层土壤紧实度较高的道路沿线。两个调查区的道路的土壤容重平均值都显著高于游步道和森林，与土壤硬度的研究结果相同。毛野牡丹藤能够耐受土壤盐分浓度相对较低且呈现弱酸性的土壤环境。不同土地利用类型之间土壤 pH 值和电导率存在显著性差异。瓜拉贾辛道路的 pH 平均值显著高于森林，而森林显著高于游步道。瓜拉马隆道路和游步道的 pH 平均值显著高于森林。瓜拉贾辛游步道和森林的电导率显著高于道路。瓜拉马隆道路的电导率平均值显著低于游步道，游步道显著低于森林。毛野牡丹藤倾向于在土壤养分情况不佳的地区繁殖。瓜拉贾辛道路全碳含量平均值显著低于游步道和森林。瓜拉马隆道路和游步道的额全碳含量平均值显著低于森林。两个调查区的道路全氮含量平均值都显著低于游步道和森林。

6. 林冠开度和土壤 pH 值是影响毛野牡丹藤密度的重要因素

通过构建 GLMMs 模型了解到林冠开度和土壤 pH 值对道路沿线的毛野牡丹藤密度产生负面影响，而全氮含量对游步道的毛野牡丹藤密度产生负面影响。道路扮演着重要传播廊道的角色，它能够增加拓殖者到达新区域的机会，外来植物一般聚集在道路及边界附近。根据本书的研究，导致毛野牡丹藤入侵的因素因土地利用而异，道路为光环境，游步道为土壤环境。将道路和游步道的数据结合起来分析发现，毛野牡丹藤的密度受到林冠开度和土壤全氮含量的负面影响，其中，林冠开度的影响最大。这些观点强调，外来植物性状与光照和土壤条件的相互关系可能是其成功入侵的主要因素。

毛野牡丹藤的分布集中在国家公园光环境适度和土壤养分匮乏的道路和游步道沿线，有两种方法可以控制该物种的传播：第一，通过改变道路宽度来减少光照条件；第二，通过沿道路/游步道修建自然围栏尽可能维持凋零物原本状态，从而降低土壤 pH 值并增加土壤全氮含量，这可能是减轻毛野牡丹藤入侵的一种有效管理方式。由于毛野牡丹藤可能会利用道路和游步道在未受干扰的森林中定植，因此东南亚热带雨林的国家公园管理者应考虑此类适度干扰对毛野牡丹藤繁殖的影响。

综上所述，本书通过对草原退化、热带雨林土壤侵蚀和外来植物入侵的定量评估研究，为土地资源的可持续利用提供了必要的见解，对于维护草地生态环境的稳定性，为 USLE 模型在生物结皮和砾石的区域上的应用和掌握外来植物入侵影响因素提供理论支持和科学依据，这对于制定全球气候变化背景下干旱和湿润地区的旅游自然资源管理战略、保证旅游自然资源的可持续发展具有重要的科学和实际意义。

6.2　研究展望

本书以马来西亚兴楼云冰国家公园以及中国呼伦贝尔草原为研究调查地，就旅游活动对土壤和植被的退化造成的影响进行定量分析，探讨了维持国家公园可持续性发展的评估模式以及改善策略。尽管本书从生态学和土壤学的角度探讨旅游利用对草原和森林的自然资源劣化的影响，跳出了就旅游谈旅游的狭隘视野，尝试为草原退化、热带雨林水土流失、外来植物入侵等生态环境问题的解决寻找一种新的途径，并得出一些初步的结论，但由于时间和条件的关系，仍有许多问题值得进一步深入研究。

本书第 3 章是内蒙古呼伦贝尔草原旅游区区域尺度上植被群落和土壤硬度空间分布的初探，研究范围较小。国家公园面积大，大规模的野外采样需要耗费大量时间、人力和物力。运用地质统计学的方法可以用于预测植被和土壤相关数据。这种方法具有简单、快捷并且花费很少的特点。下一步应在草地资源中长期监测的基础上，进行评价范围空间尺度的扩展，利用地质统计学技术在更大区域尺度上对草原生态系统健康进行评价，揭示植被和土壤空间变异性及其与相关环境因素之间的关系，指导草原旅游资源的合理利用与有效管理，更好地服务于温带草原植被恢复、生态系统重建以及水土流失控制，为政府建立草原国家公园的政策制定及中长期规划提供依据。

本书第 4 章把生物结皮覆盖度和砾石重量因子纳入土壤侵蚀预报模型，然后将这个新因子与 R、K、LS 因子相乘得到模拟土壤侵蚀值，并阐明了实现方法。但由于研究区域涉及面积较小，且因时间和条件的缘故未能对修正后的模型进行自然监测实验，因此需要更多的实验来完善模型的修正。从而进一步验证含有生物结皮盖度和砾石重量因子的土壤侵蚀预报模型的准确度和精确性。

本书第 5 章对毛野牡丹藤入侵分布模式的理解和对毛野牡丹藤的环境影响因素的阐明为今后的研究奠定了基础。尽管本书结果证实道路可能促进外来植物的传播，但并非意味着不建议国家公园修路。这是因为关于道路铺设、维护或者废弃的决策极其复杂，需要权衡的因素众多。道路对周围环境的负面影响不会随着道路的废弃立刻消失，而且道路生态系统可能已经融入区域景观中并与周围的生态系统处于一种平衡状态。道路的建设是无法避免的，只能通过管理的方式对外来植物的入侵加以控制。可以通过开展改变道路结构、路面材料、路面管理等应用型研究缓解道路的负面影响。在追求人类社会经济效益的同时，最大限度减少道路对自然生态系统的影响和破坏。另外，未来有必要通过扩大调查区域和添加其他栖息地的数据来提高 GLMMs 模型的准确性，阐明毛野牡丹藤种子从外部和进入国家公园的传播机制。再加上本书未涉及本土物种，可考虑研究毛野牡丹藤和本土物种对特定养分竞争利用的生理反应途径及其适应性生理策略，揭示物种竞争能力差异及其竞争能力变化所潜藏的生理机制。

6.3　对旅游活动与自然保护之间关系的思考

人们在充分利用和重视草原和森林的直接价值时，却很容易忽略草原和森林的水土保持、涵养水源、净化环境、保护生物多样性等间接价值。这两种生态系统作为人类社会主要的生存和发展资源，具有经济、社会和生态价值三元属性。人们对草原和森林的利用不能仅考虑某一方面的价值，而忽视另一方面的价值。例如，如果忽视其生态效益，将在造成环境破坏的同时，威胁到相关产业的发展基础以及生产者的长期利益；如果一味地维护草原和森林的生态效益，也会阻碍草原和森林资源的合理利用和可持续发展。

自 1842 年国家公园概念被提出以来，国家公园运动在全世界范围内经久不衰，即便是 21 世纪的今天仍然呈现多样化多元化的发展态势。这一方面反映了国家层面对保护意识的重视；另一方面则反映了民众不断增长的户外游憩需求。只有遵循可持续发展原则的旅游利用才能推进国家公园高质量发展。闻名的国家公园往往因其宏伟壮观的景色和丰富的生物多样性吸引大量游客和旅游消费及旅游投资，管理者需要做的是通过一些手段策略将这类旅游对国家公园的环境影响控制在最小范围。允许在公园的某些区域进行旅游开发，核心是旅游开发应该建立在充分掌握当地自然资源状况、采取相应缓和措施和遵循可持续发展原则的基础上。

一个社会对环境的态度反映出这个社会对整个自然界、对人与自然关系的认知。人类从采摘社会过渡到农耕社会，又从农耕社会转入电力驱动的社会，直至今日，我们生活在一个瞬息万变、蓬勃发展的互联网技术革命时代。我们处在最好也是最坏的时代，如今的经济迅猛发展，科技不断进步，蓬勃发展的工业和商业实现了物质资源由紧缺向繁荣的重大跨越，物质资源的丰富程度达到了几万年来前所未有的水平。我们都在为了获取更多的物质财富，过上更好的物质生活而整日忙碌奔波。然而，贪婪地索取、霸占、过度利用有限的自然资源的同时，大面积的草原、森林随之消失，水土流失日益严重，生物多样性不断减少，自然生态环境日益恶化，人类自身的生存环境也岌岌可危。除此之外，地缘政治动荡、突发事件频发、内卷、迷茫、竞争、焦虑等无处不在。如若我们缺乏应对这些挑战的能力，则会被变化所超越，从而落入败局。

如何在自然保护和发展利用之间找到平衡才是关键。或许加强环境教育，使更多的民众了解生态环境现状与处境，接受生态约束的观念，才有可能在面临保护与发展问题时能够从自身做起，自觉地进行理性的辩论与抉择，避免最坏的情况发生。现代社会需要重新反思，借鉴梭罗和缪尔关于生态中心主义的一些保护理念，尊重自然的内在价值，开展适度的利用，这样才有望真正实现人与自然的和谐。如同马什 1864 年在其著作《人与自然：或因人类活动而改变的自然地理》中写道："人类早已忘记地球赋予他的目的只是使用权，而不是消费，更不是肆意浪费的权利……虽然有些人认为地球创造了人类，但实际上是人类创造了地球。"

参 考 文 献

[1] 安渊，徐柱，阎志坚，等．不同退化梯度草地植物和土壤的差异 [J]．中国草地，1999（4）：32-37，67．

[2] 蔡强国，陈浩．影响降雨击溅侵蚀过程的多元回归正交试验研究 [J]．地理研究，1989（4）：28-36．

[3] 蔡强国，刘纪根．关于我国土壤侵蚀模型研究进展 [J]．地理科学进展，2003（3）：142-150．

[4] 曹鑫，辜智慧，陈晋，等．基于遥感的草原退化人为因素影响趋势分析 [J]．植物生态学报，2006（2）：268-277．

[5] 陈洁．森林和树木可帮助应对全球多重危机 [J]．中国林业产业，2022（6）：69．

[6] 陈羽璇，杨勤科，刘宝元，等．基于CSLE模型的珠江流域土壤侵蚀强度评价 [J]．中国水土保持科学（中英文），2021，19（6）：86-93．

[7] 陈佐忠，王献溥．内蒙古锡林郭勒草原自然保护区的特点与经营管理的意见 [J]．农村生态环境，1988（3）：58-61，48．

[8] 单贵莲．内蒙古锡林郭勒典型草原恢复演替研究与健康评价 [D]．北京：中国农业科学院，2009．

[9] 杜卫红．基于呼伦贝尔市案例的生态旅游开发研究 [J]．世界地理研究，2009，18（3）：90-96．

[10] 樊登星，余新晓，贾国栋，等．北京山区灌草坡面水土流失特征及其影响因素 [J]．中国水土保持科学，2014，12（2）：24-28．

[11] 樊胜岳，张卉．1949年以来中国农村土地制度变迁对土地沙漠化变化的影响 [J]．干旱区地理，2009，32（2）：268-273．

[12] 方创琳，王岩．中国城市脆弱性的综合测度与空间分异特征[J]．地理学报，2015，70（2）：234 - 247．

[13] 付博，姜琦刚，任春颖．扎龙湿地生态脆弱性评价与分析[J]．干旱区资源与环境，2011，25（1）：49 - 52．

[14] 国家环境保护总局．2006 年中国环境状况公报[R]．2007．

[15] 海春兴，马礼，王学萌，等．农牧交错带典型地段土地沙化主要因素分析——以河北坝上张北县为例[J]．地理研究，2002（5）：543 - 550．

[16] 何才华，熊康宁，粟茜．贵州喀斯特生态环境脆弱性类型区及其开发治理研究[J]．贵州师范大学学报（自然科学版），1996（1）：1 - 9．

[17] 何璆，陈洁，李虹．加拿大草原国家公园建设管理经验及启示[J]．世界林业研究，2023，36（6）：105 - 110．

[18] 侯琼，乌兰巴特尔．内蒙古典型草原区近 40 年气候变化及其对土壤水分的影响[J]．气象科技，2006（1）：102 - 106．

[19] 呼伦贝尔市统计局．呼伦贝尔市统计年鉴 2021[R]．北京：呼伦贝尔市统计局，2022．

[20] 胡日利，吴晓芙．土壤微生物生物量作为土壤质量生物指标的研究[J]．中南林学院学报，2002（3）：51 - 53．

[21] 胡自治．制止牧区工矿业无序发展，保护生态屏障——草原——以锡林郭勒盟东乌珠穆沁旗草原为例[J]．草原与草坪，2004（3）：6 - 9．

[22] 黄富祥，牛海山，王明星，等．毛乌素沙地植被覆盖率与风蚀输沙率定量关系[J]．地理学报，2001（6）：700 - 710．

[23] 黄婷婷，赵辉，赵院，等．三江源国家公园土壤侵蚀及其分布特征[J]．水土保持通报，2023，43（5）：95 - 103，110．

[24] 贾立志，余建平，陈小南，等．钱江源国家公园 2000 ~ 2019 年土壤侵蚀变化动态研究[J]．土壤通报，2022，53（5）：1163 - 1171．

[25] 贾雪梅，高烨，周涛，等．祁连山国家公园生态脆弱性评价——以张掖段为例[J]．资源环境与工程，2021，35（3）：355 - 358．

[26] 江忠善，王志强，刘志. 黄土丘陵区小流域土壤侵蚀空间变化定量研究 [J]. 土壤侵蚀与水土保持学报，1996 (1): 1-9.

[27] 姜恕. 草原的退化及其防治策略初探 [J]. 自然资源，1988 (2): 1-7.

[28] 李博. 中国北方草地退化及其防治对策 [J]. 中国农业科学，1997 (6): 2-10.

[29] 李建明，牛俊，王文龙，等. 不同土质工程堆积体径流产沙差异 [J]. 农业工程学报，2016，32 (14): 187-194.

[30] 李青丰，李福生，乌兰. 气候变化与内蒙古草地退化初探 [J]. 干旱地区农业研究，2002 (4): 98-102.

[31] 李文杰，乌铁红. 旅游干扰对草原旅游点植被的影响——以内蒙古希拉穆仁草原金马鞍旅游点为例 [J]. 资源科学，2012，34 (10): 1980-1987.

[32] 李香真，陈佐忠. 不同放牧率对草原植物与土壤 C、N、P 含量的影响 [J]. 草地学报，1998 (2): 90-98.

[33] 李永宏. 内蒙古典型草原地带退化草原的恢复动态 [J]. 生物多样性，1995 (3): 125-130.

[34] 联合国粮农组织. 2020 年全球森林资源评估 [EB/OL]. (2021) [2024-03-10]. http://www.fao.org/documents/card/zh/c/ca9825zh.

[35] 梁力文，廖梓延，石小琴，等. 全球国家公园时空动态格局及发展趋势 [J]. 国家公园（中英文），2023，1 (4): 255-263.

[36] 林明水，林金煌，程煜，等. 省域乡村旅游扶贫重点村生态脆弱性评价——以福建省为例 [J]. 生态学报，2018，38 (19): 7093-7101.

[37] 刘宝元，张科利，焦菊英. 土壤可蚀性及其在侵蚀预报中的应用 [J]. 自然资源学报，1999 (4): 345-350.

[38] 刘军会，邹长新，高吉喜，等. 中国生态环境脆弱区范围界定 [J]. 生物多样性，2015，23 (6): 725-732.

[39] 刘楠，张英俊. 放牧对典型草原土壤有机碳及全氮的影响 [J]. 草业科学，2010，27 (4): 11-14.

［40］刘青泉，陈力，李家春．坡度对坡面土壤侵蚀的影响分析［J］．应用数学和力学，2001（5）：449－457.

［41］刘晓玲．浅议外来植物入侵的途径、机理和危害［J］．贵州林业科技，2011，39（3）：46－51.

［42］刘忠宽，汪诗平，陈佐忠，等．不同放牧强度草原休牧后土壤养分和植物群落变化特征［J］．生态学报，2006（6）：2048－2056.

［43］刘钟龄，王炜，郝敦元，等．内蒙古草原退化与恢复演替机理的探讨［J］．干旱区资源与环境，2002（1）：84－91.

［44］卢亚灵，颜磊，许学工．环渤海地区生态脆弱性评价及其空间自相关分析［J］．资源科学，2010，32（2）：303－308.

［45］吕晓英．西部主要牧区气候暖干化及草地畜牧业可持续发展的政策建议［J］．农业经济问题，2003（7）：51－55，80.

［46］吕子君，卢欣石，辛晓平．中国北方草原沙化现状与趋势［J］．草地学报，2005（S1）：24－27.

［47］马定国，刘影，陈洁，等．鄱阳湖区洪灾风险与农户脆弱性分析［J］．地理学报，2007（3）：321－332.

［48］马文红，方精云，杨元合，等．中国北方草地生物量动态及其与气候因子的关系［J］．中国科学：生命科学，2010，40（7）：632－641.

［49］孟林．层次分析法在草地资源评价中应用的研究［J］．草业科学，1998（6）：2－5.

［50］牟金泽，孟庆枚．降雨侵蚀土壤流失预报方程的初步研究［J］．中国水土保持，1983（6）：25－29.

［51］宁璐，崔向新，刘艳萍，等．两种旅游扰动模式对荒漠草原植被及土壤的影响研究［J］．干旱区资源与环境，2023，37（2）：120－127.

［52］牛亚菲．旅游供给与需求的空间关系研究［J］．地理学报，1996（1）：80－87.

［53］乔青，高吉喜，王维，等．生态脆弱性综合评价方法与应用［J］．环境科学研究，2008（5）：117－123.

［54］沈海花，朱言坤，赵霞，等．中国草地资源的现状分析［J］.

科学通报, 2016, 61 (2): 139 – 154.

[55] 生物多样性公约秘书处. 全球生物多样性展望 [M]. 3 版. 蒙特利尔: 联合国, 2010.

[56] 史坤博, 王文瑞, 杨永春, 等. 旅游活动对甘南草原植被的影响——以桑科草原旅游点为例 [J]. 干旱区研究, 2015, 32 (6): 1220 – 1228.

[57] 苏盼盼. 亚洲国家公园的建设实践及其启示 [J]. 世界地理研究, 2023, 32 (7): 160 – 168.

[58] 孙飞达, 朱灿, 李飞, 等. 旅游干扰对高寒草地植物多样性和土壤生化特性的影响 [J]. 草业科学, 2018, 35 (11): 2541 – 2549.

[59] 孙瑞莲, 赵秉强, 朱鲁生, 等. 长期定位施肥对土壤酶活性的影响及其调控土壤肥力的作用 [J]. 植物营养与肥料学报, 2003 (4): 406 – 410.

[60] 唐纳德·沃斯特. 自然的经济体系: 生态思想史 [M]. 候文蕙, 译. 北京: 商务印书馆, 1999.

[61] 万方浩, 郭建英, 王德辉. 中国外来入侵生物的危害与管理对策 [J]. 生物多样性, 2002 (1): 119 – 125.

[62] 王合云, 郭建英, 董智, 等. 退化程度对大针茅草原植物群落结构特征及物种多样性的影响 [J]. 干旱区资源与环境, 2016, 30 (3): 106 – 111.

[63] 王鹤飞. 旅游干扰对驼梁云顶草原植被影响的数量化分析及对策研究 [D]. 保定: 河北农业大学, 2011.

[64] 王明君, 韩国栋, 赵萌莉, 等. 草甸草原不同放牧强度对土壤有机碳含量的影响 [J]. 草业科学, 2007 (10): 6 – 10.

[65] 王明君, 韩国栋, 赵萌莉, 等. 内蒙古呼伦贝尔草甸草原的草地退化等级数量分析 [J]. 西北植物学报, 2007 (4): 4797 – 4804.

[66] 王万忠. 黄土地区降雨侵蚀力 R 指标的研究 [J]. 中国水土保持, 1987 (12): 36 – 40, 67.

[67] 王小燕, 李朝霞, 蔡崇法. 砾石覆盖紫色土坡耕地水文过程

［J］. 水科学进展，2012，23（1）：38 –45.

［68］王艳，杨剑虹. 草原沙漠化成因的探讨［J］. 草原与草坪，2004（4）：28 –32，38.

［69］王应临，杨锐，埃卡特·兰格. 英国国家公园管理体系评述［J］. 中国园林，2013，29（9）：11 –19.

［70］王悦骅，靳宇曦，王忠武，等. 8 年围封对内蒙古荒漠草原植物和土壤的影响［J］. 草地学报，2021，29（10）：2339 –2345.

［71］韦惠兰，祁应军. 中国草原问题及其治理［J］. 中国草地学报，2016，38（3）：1 –6，18.

［72］魏红磊，贾巨才，李继峰，等. 草原天路沿线生态环境对游客踩踏干扰的响应［J］. 水土保持通报，2020，40（4）：53 –59，66.

［73］巫锡柱，晏路明. 脆弱生态环境的综合评判物元模型研究［J］. 中国生态农业学报，2007（3）：138 –141.

［74］吴精华. 草原生态经济和内蒙古畜牧业［J］. 中国草原，1983（4）：64 –68.

［75］吴精华. 中国草原退化的分析及其防治对策［J］. 生态经济，1995（5）：1 –6.

［76］吴征镒. 论中国植物区系的分区问题［J］. 云南植物研究，1979（1）：1 –20.

［77］肖笃宁，李秀珍，高峻. 景观生态学［M］. 北京：科学出版社，1990.

［78］徐广才，康慕谊，贺丽娜，等. 生态脆弱性及其研究进展［J］. 生态学报，2009，29（5）：2578 –2588.

［79］徐君，李贵芳，王育红. 生态脆弱性国内外研究综述与展望［J］. 华东经济管理，2016，30（4）：149 –162.

［80］许欢欢，张宝琦，汪建芳，等. 黄土高原典型生物结皮对坡面产流产沙过程的影响［J］. 水土保持通报，2020，40（6）：8 –13.

［81］许鹏，胡锋铎. 天山北坡低山草地类型复合体结构与成因分析［J］. 草业学报，1994（2）：1 –5.

[82] 许学工. 加拿大自然保护区规划的启迪 [J]. 生物多样性, 2001 (3): 306-309.

[83] 杨惠敏, 王冬梅. 草—环境系统植物碳氮磷生态化学计量学及其对环境因子的响应研究进展 [J]. 草业学报, 2011, 20 (2): 244-252.

[84] 杨理, 侯向阳. 完善北方草原家庭承包制与天然草地可持续管理 [J]. 科技导报, 2007 (9): 29-32.

[85] 杨丽娜, 王世进. 边疆草原退化问题及应对措施——以呼伦贝尔草原为例 [J]. 安徽农业科学, 2012, 40 (30): 14641-14642, 14743.

[86] 杨利民, 韩梅, 李建东. 中国东北样带草地群落放牧干扰植物多样性的变化 [J]. 植物生态学报, 2001 (1): 110-114.

[87] 杨勤业, 张镱锂, 李国栋. 中国的环境脆弱形势和危急区域 [J]. 地理研究, 1992 (4): 1-10.

[88] 姚天冲, 周自达. 关于建设国家草原自然公园的思考 [J]. 草原与草业, 2020, 32 (4): 14-19.

[89] 余轩, 王兴, 吴婷, 等. 围封对荒漠草原物种多样性和功能多样性的影响 [J]. 水土保持学报, 2021, 35 (6): 243-250.

[90] 於琍, 曹明奎, 陶波, 等. 基于潜在植被的中国陆地生态系统对气候变化的脆弱性定量评价 [J]. 植物生态学报, 2008 (3): 521-530.

[91] 张德平. 内蒙古呼伦贝尔市土地利用现状及变化分析 [J]. 中国土地科学, 2011, 25 (11): 43-48.

[92] 张光辉, 刘国彬. 黄土丘陵区小流域土壤表面特性变化规律研究 [J]. 地理科学, 2001 (2): 118-122.

[93] 张桂萍, 张峰, 茹文明. 旅游干扰对历山亚高山草甸优势种群种间相关性的影响 [J]. 生态学报, 2005 (11): 76-82.

[94] 张汉雄, 上官周平. 晋陕宁黄土丘陵区生态修复与农林牧业持续发展仿真研究 [J]. 生态学报, 2006 (1): 297-304.

[95] 张贺全, 吴裕鹏. 肯尼亚、南非国家公园和保护区调研情况及启示 [J]. 中国工程咨询, 2019 (4): 87-91.

[96] 张科利, 彭文英, 杨红丽. 中国土壤可蚀性值及其估算 [J].

土壤学报，2007（1）：7 – 13.

[97] 张兴源，崔向新，白彤，等. 希拉穆仁草原植被和土壤对人为干扰的响应 [J]. 安徽农业科学，2008，36（35）：15667 – 15669，15675.

[98] 赵慧颖. 呼伦贝尔草原沙化现状及防治对策 [J]. 草业学报，2007（3）：114 – 119.

[99] 赵珂，饶懿，王丽丽，等. 西南地区生态脆弱性评价研究——以云南、贵州为例 [J]. 地质灾害与环境保护，2004（2）：38 – 42.

[100] 赵满，王文龙，郭明明，等. 不同砾石含量塿土堆积体坡面侵蚀特征研究 [J]. 土壤学报，2020，57（5）：1166 – 1176.

[101] 赵一之. 呼伦贝尔草原区的植物资源及其开发利用保护意见 [J]. 干旱区资源与环境，1987（2）：107 – 114.

[102] 赵跃龙，刘燕华. 中国脆弱生态环境类型划分及其范围确定 [J]. 云南地理环境研究，1994（2）：34 – 44.

[103] 中国国家旅游局，中国国家统计局. 2009年内蒙古旅游统计便览 [M]. 北京：中国旅游出版社，2010.

[104] 钟林生，牛亚菲，刘家明，等. 内蒙古草原旅游资源及其开发研究 [J]. 干旱区资源与环境，2005（2）：105 – 110.

[105] IPBES. IPBES 生物多様性と生態系サービスに関する地球規模評価報告書 政策決定者向け要約 [M/OL] //https：//www. iges. or. jp/jp/pub/ipbes – global – assessment – spm – j/ja. 環境省，2020 [2024 – 03 – 10]. https：//www. iges. or. jp/jp/pub/ipbes – global – assessment – spm – j/ja.

[106] リチャード，コーレット. アジアの熱帯生態学 [M/OL]. 長田典之，松林尚志，沼田真也，等，訳. 東京：東海大学出版会，2013 [2024 – 04 – 03]. https：//ci. nii. ac. jp/ncid/BB13047085.

[107] 安田雅俊，長田典之，松林尚志，など. 熱帯雨林の自然史：東南アジアのフィールドから [M/OL]. 東京：東海大学出版会，2008 [2024 – 04 – 03]. https：//ci. nii. ac. jp/ncid/BA8466047X.

[108] 北原曜. 植生の表面侵食防止機能 [J]. 砂防学会誌，2002，54（5）：92 – 101.

[109] 赤井龍男，吉村健次郎，真鍋逸平，等．ヒノキ林分の構成状態と稚樹，下層植生の成立状態について［J］．92回目林論，1981 (92)：221 -222.

[110] 川口武雄．山地土壌侵食の研究（第1報）：従来の資料による統計的研究［J］．林試集報，1951，61：1 -37.

[111] 川口武雄．山地土壌侵食の研究（第3報）：地被物の侵食防止機能に関する実験［J］．林試研報，1957，95：91 -124.

[112] 村井宏，岩崎勇作．林地の水および土壌保全機能に関する研究 -1 -森林状態の差異が地表流下，浸透および侵食に及ぼす影響［J］．林業試験場研究報告／森林総合研究所編，1975 (274)：23 -84.

[113] 村中孝司，石井潤，宮脇成生，等．特定外来生物に指定すべき外来植物種とその優先度に関する保全生態学的視点からの検討［J］．保全生態学研究，2005，10 (1)：19 -33.

[114] 恩田裕一，湯川典子．ヒノキ林において下層植生が土壌の浸透能に及ぼす影響（II）下層植生の効果に関する室内実験［J］．日本林學會誌，1995，77 (5)：399 -407.

[115] 服部重昭，阿部敏夫，小林，等．林床被覆がヒノキ人工林の侵食防止に及ぼす影響［J］．森林総合研究所研究報告，1992 (362)：1 -34.

[116] 根本淳，養父志乃夫．武蔵野台地におけるコナラ二次林の林床植生と土壌硬度の関係［J］．ランドスケープ研究，1996，60 (5)：531 -534.

[117] 工藤芳文．インドネシア熱帯林保護区に対する外来侵入植物の影響の研究［D/OL］．鹿児島：鹿児島大学，2014. http：//hdl. handle. net/10232/21561.

[118] 戸田光彦，吉田剛司．爬虫類・両生類における外来種問題［J］．爬虫両棲類学会報，2005 (2)：139 -149.

[119] 近藤三雄．光合成速度，エチレン生成量からみた踏圧強度と芝生の生育との関係について［J］．造園雑誌，1984，48 (5)：139 -144.

［120］久馬一剛．熱帯土壌学［M］．名古屋：名古屋大学出版会，2001．

［121］鷲谷いづみ．外来種の定着と侵略性の生態学的要因［J］．日本水産学会誌，2007，73（6）：1117－1120．

［122］李海珠，浜崎忠雄，長友由隆，等．青海チベット高原東部の高山草地土壌の特性と草地退化に伴うその変化［J］．ペドロジスト，2008，52（2）：96－106．

［123］豊田武司．固有植物の保護の実現を［J］．小笠原研究年報，1984（7）：42－45．

［124］鈴木晃志郎，鈴木亮．世界遺産登録に向けた小笠原の自然環境の現状［J］．小笠原研究年報，2009（32）：27－47．

［125］日本ペドロジー学会．土壌調査ハンドブック［M］．東京：博友社，1997．

［126］日本生態学会，村上興正，鷲谷いづみ，等．外来種ハンドブック［M/OL］．地人書館，2002［2024－04－03］．https：//ci. nii. ac. jp/ncid/BA58709946．

［127］山本高也．土壌の微少表面構造の解析による地被物のクラスト形成抑制過程の解明［J］．日林誌，1998，80（4）：293－301．

［128］山中金次郎，松尾憲一．土壌硬度に関する研究（第1報）：土壌硬度と含水量との関係［J］．日本土壌肥料学雑誌，1962，33（7）：343－347．

［129］石田健，杉村乾，山田文雄．奄美大島の自然とその保全［J］．生物科学，1998（50）：55－64．

［130］矢内純太，小崎隆．ペドメトリックス：その理論と応用：1. 等値線図はどのようにつくるの?：ジオスタティスティクス［J］．日本土壌肥料科学雑誌，2000，71（5）：726－732．

［131］土壌環境分析法編集委員会．土壌環境分析法［M］．東京：博友社，1997．

［132］烏云梛，程雲湘，岡本勝男，等．中国内蒙古半乾燥草原にお

ける放牧強度による植物群落構造の変化 [J]. システム農学, 2004, 20 (2): 160 – 167.

[133] 細山田健三, 藤原輝男. 侵食流亡土量の予測に関するusleの適用について (i) [J]. 農業土木学会誌, 1984, 52 (4): 315 – 321, a1.

[134] 小山内信智, 田中秀基, 桜井亘, 等. 菌類等を利用した侵食対策手法に関する研究 [J]. 平成 16 年度砂防学会研究発表会, 2004 (P067): 376 – 377.

[135] 小原洋. 硬度 [M] //土壌の事典. 东京: 朝倉書店, 1993: 119 – 120.

[136] 岩崎敬二. 外来付着動物と特定外来生物被害防止法 [J]. Sessile Organisms, 2006, 23 (2): 13 – 24.

[137] 岩切敏. 耕地などの水食に関する文献的研究 [J]. 三重大学生物資源学部紀要 (The bulletin of the Faculty of Bioresources), Mie University, 1995 (14): 51 – 121.

[138] 中村浩二. 熱帯の環境変動と動植物の動態 [J]. 動物心理学研究, 1999, 49 (2): 201 – 215.

[139] 種田行男. 農地の土壌侵食量の予測 [J]. 農業土木学会論文集, 1975 (56): 8 – 12.

[140] ÅGREN G I, FAGERSTRÖM T. Increased or decreased separation of flowering times? The joint effect of competition for space and pollination in plants [J]. Oikos, 1980, 35 (2): 161 – 164.

[141] AKAIKE H. Information theory and an extension of the maximum likelihood principle [M/OL] //PARZEN E, TANABE K, KITAGAWA G. Selected papers of Hirotugu Akaike. New York, NY: Springer New York, 1973: 199 – 213 [2024 – 04 – 03]. http://link. springer. com/10. 1007/978 – 1 – 4612 – 1694 – 0_15.

[142] ALBRIGHT H M, CAHN R. The birth of the national park service: the founding years, 1913 – 33 [M]. Salt Lake City, Utah: Howe Brothers, 1985.

[143] ALVAREZ M E, CUSHMAN J H. Community – level consequences of a plant invasion: effects on three habitats in Coastal California [J]. Ecological Applications, 2002, 12 (5): 1434 – 1444.

[144] ALVES J M, CARNEIRO M, DAY J P, et al. A single introduction of wild rabbits triggered the biological invasion of Australia [J]. Proceedings of the National Academy of Sciences, 2022, 119 (35): e2122734119.

[145] BAGNOLD R A. The physics of blown sand and desert dunes [M]. London: Methuen & Co, 1941.

[146] BAKA A N, ZAINON S. Improving National Park Management in Malaysia: Towards greater community participation [J]. Environment – Behaviour Proceedings Journal, 2021, 6 (SI5): 151 – 156.

[147] BAKER H G. The evolution of weeds [J]. Annual Review of Ecology and Systematics, 1974, 5 (1): 1 – 24.

[148] BARROW C J. Land degradation: development and breakdown of terrestrial environments [M]. Cambridge: Cambridge University Press, 1994.

[149] BAZAN G. Our Ecological Footprint: reducing human impact on the earth [J/OL]. Electronic Green Journal, 1997 [2024 – 04 – 02], 1 (7). https://escholarship.org/uc/item/7730w81q.

[150] BELNAP J. The potential roles of biological soil crusts in dryland hydrologic cycles [J]. Hydrological Processes, 2006, 20 (15): 3159 – 3178.

[151] BOULDING K E. The economics of the coming spaceship earth [M] //Environmental quality in a growing economy. Baltimore: John Hopkins University Press, 1966.

[152] BOWKER M A, BELNAP J, DAVIDSON D W, et al. Correlates of biological soil crust abundance across a continuum of spatial scales: support for a hierarchical conceptual model [J]. Journal of Applied Ecology, 2006, 43 (1): 152 – 163.

[153] BOWKER M A, MAU R L, MAESTRE F T, et al. Functional

profiles reveal unique ecological roles of various biological soil crust organisms [J]. Functional Ecology, 2011, 25 (4): 787 – 795.

[154] BRAKENSIEK D L, RAWLS W J, STEPHENSON G R. Determining the saturated hydraulic conductivity of a soil containing rock fragments [J]. Soil Science Society of America Journal, 1986, 50 (3): 834 – 835.

[155] BROWN K. Innovations for conservation and development [J]. The Geographical Journal, 2002, 168 (1): 6 – 17.

[156] BURNHAM K P, ANDERSON D R. Model selection and multimodel inference [M/OL]. New York, NY: Springer, 2004 [2024 – 04 – 03]. http: //link. springer. com/10. 1007/b97636.

[157] CAO L, FUKUMORI K, HOSAKA T, et al. The distribution of an invasive species, clidemia hirta along roads and trails in Endau Rompin National Park, Malaysia [J]. Tropical Conservation Science, 2018, 11 (1) [2024 – 04 – 02]. https: //bioone. org/journals/tropical – conservation – science/volume – 11/issue – 1/1940082917752818/The – Distribution – of – an – Invasive – Species – Clidemia – hirta – Along – Roads/10. 1177/1940082917752 818. full.

[158] CARSON R. Silent spring [M]. Boston: Houghton Mifflin, 1962.

[159] CATLIN G. Letters and notes on the manners, customs and condition of the North American Indians [M]. Second edition. London, 1842.

[160] CHAPUNGU L, NHAMO G, DUBE K, et al. Soil erosion in the savanna biome national parks of South Africa [J]. Physics and Chemistry of the Earth, Parts A/B/C, 2023, 130: 103376.

[161] CHAUDHARY V B, BOWKER M A, O'DELL T E, et al. Untangling the biological contributions to soil stability in semiarid shrublands [J]. Ecological Applications, 2009, 19 (1): 110 – 122.

[162] CHRISTIAN J, WILSON S. Long – term ecosystem impacts of an introduced grass in the Northern Great Plains [J]. Ecology, 1999, 80: 2397 – 2407.

［163］ CLEMENTS F E. Plant succession: an analysis of the development of vegetation ［M/OL］. Washington, DC: Carnegie Institution of Washington, 1916 ［2024 – 03 – 10］. http: //www. biodiversitylibrary. org/bibliography/56234.

［164］ CONNELL J H. Diversity in tropical rain forests and coral reefs ［J］. Science, 1978, 199 (4335): 1302 – 1310.

［165］ CRESSWELL C, MACLAREN F, BUTLER R W, et al. Tourism and national parks in emerging tourism countries ［Z］. 2000.

［166］ CURTIS P G, SLAY C M, HARRIS N L, et al. Classifying drivers of global forest loss ［J］. Science, 2018, 361 (6407): 1108 – 1111.

［167］ CUTTER S L. Vulnerability to environmental hazards ［J］. Progress in Human Geography, 1996, 20 (4): 529 – 539.

［168］ DEWALT S J, DENSLOW J S, ICKES K. Natural – enemy release facilitates habitat expansion of the invasive tropical shrub clidemia hirta ［J］. Ecology, 2004, 85 (2): 471 – 483.

［169］ DOW K. Exploring differences in our common future (s): the meaning of vulnerability to global environmental change ［J］. Geoforum, 1992, 23 (3): 417 – 436.

［170］ DUDLEY N, SHADIE P, STOLTON S. Guidelines for applying protected area management categories including IUCN WCPA best practice guidance on recognising protected areas and assigning management categories and governance types ［R/OL］. IUCN, 2013 ［2024 – 04 – 02］. https: //policycommons. net/artifacts/1374466/guidelines – for – applying – protected – area – management – categories – including – iucn – wcpa – best – practice – guidance – on – recognising – protected – areas – and – assigning – management – categories – and – governance – types/1988710/.

［171］ ELLSTRAND N C, SCHIERENBECK K A. Hybridization as a stimulus for the evolution of invasiveness in plants? ［J］. Proceedings of the National Academy of Sciences of the United States of America, 2000, 97 (13): 7043 – 7050.

[172] ELTON C S. The ecology of invasions by animals and plants [M/OL]. Chicago, IL: University of Chicago Press, 2000 [2024 - 04 - 03]. https://press. uchicago. edu/ucp/books/book/chicago/E/bo3614808. html.

[173] EMILIO R C. Cross - scale effects of biological soil crusts on runoff generation and water erosion in semiarid ecosystems. Field data and model approach [M]. Editorial Universidad de Almería, 2014.

[174] ESWARAN H Lal, R, REICH P F. Land degradation: an overview [M] //Responses to land degradation, proceedings of 2nd International Conference on Land Degradation and Desertification, Khon Kaen, Thailand. New Dehli: Oxford Press, 2001.

[175] EUROPARC. 100 years of national parks in Europe: a shared inheritance, a common future [R]. Strömstad: EUROPARC Federation conference, 2009.

[176] EVANS R D, RIMER R, SPERRY L, et al. Exotic plant invasion alters nitrogen dynamics in an arid grassland [J]. Ecological Applications, 2001, 11 (5): 1301 - 1310.

[177] FAO. The state of food and agriculture 2015: social protection and agriculture - breaking the cycle of rural poverty [M/OL]. UN, 2015 [2024 - 04 - 02]. https://www. un - ilibrary. org/agriculture - rural - development - and - forestry/the - state - of - food - and - agriculture - 2015_88b78e6f - en.

[178] FINE P V A. The invasibility of tropical forests by exotic plants [J]. Journal of Tropical Ecology, 2002, 18 (5): 687 - 705.

[179] FORMAN R T T, ALEXANDER L E. Roads and their major ecological effects [J]. Annual Review of Ecology, Evolution and Systematics, 1998, 29: 207 - 231.

[180] FOXCROFT L C, RICHARDSON D M, WILSON J R U. Ornamental plants as invasive aliens: problems and solutions in Kruger National Park, South Africa [J]. Environmental Management, 2008, 41 (1): 32 - 51.

[181] FOXCROFT L C, RICHARDSON D M, WILSON J R U. Orna-

mental plants as invasive aliens: problems and solutions in Kruger National Park, South Africa [J]. Environmental Management, 2008, 41 (1): 32 -51.

[182] FROST W, HALL C M. Tourism and national parks: international perspectives on development, histories, and change [M]. Routledge, 2009.

[183] FUJINUMA J, HARRISON R D. Wild pigs (Sus scrofa) mediate large - scale edge effects in a lowland tropical rainforest in Peninsular Malaysia [J]. PloS One, 2012, 7 (5): e37321.

[184] FUNK J, VITOUSEK P. Resource - use efficiency and plant invasion in low - resource systems [J]. Nature, 2007, 446 (7139) [2024 - 04 - 03]. https: //pubmed. ncbi. nlm. nih. gov/17460672/.

[185] GALLOPÍN G C. Linkages between vulnerability, resilience, and adaptive capacity [J]. Global Environmental Change, 2006, 3 (16): 293 - 303.

[186] GEIST H J, LAMBIN E F. Proximate causes and underlying driving forces of tropical deforestation [J]. BioScience, 2002, 52 (2): 143 - 150.

[187] GONZALEZ P, NEILSON R P, LENIHAN J M, et al. Global patterns in the vulnerability of ecosystems to vegetation shifts due to climate change [J]. Global Ecology and Biogeography, 2010, 19 (6): 755 -768.

[188] GREENBERG J, SOLOMON S, PYSZCZYNSKI T. Terror management theory of self - esteem and cultural worldviews: Empirical assessments and conceptual refinements [M/OL] //Advances in experimental social psychology, Vol. 29. San Diego, CA, US: Academic Press, 1997: 61 -139.

[189] HAINES A L. Yellowstone National Park: its exploration and establishment [M]. Washington: U. S. National Park Service, 1974.

[190] HALL C M. Wilderness in New Zealand [J]. Alternatives: Perspectives on Science, Technology and the Environment, 1988, 15: 40 -46.

[191] HAMILTON L S, KING P N. Tropical forested watersheds: hydrologic and soils response to major uses or conversions [M]. Boulder, CO: West-

view Press, 1983.

[192] HAMMITT W. Wildland recreation: ecology and management [J]. Annals of Tourism Research, 1988 [2024 – 04 – 03]. https://www.academia.edu/82718080/Wildland_recreation_Ecology_and_management.

[193] HE L, SHEN J, ZHANG Y. Ecological vulnerability assessment for ecological conservation and environmental management [J]. Journal of Environmental Management, 2018, 206: 1115 – 1125.

[194] IPBES. Summary for policymakers of the global assessment report on biodiversity and ecosystem services [R]. 2019: 37.

[195] IPCC. Climate change 2007: impacts, adaptation and vulnerability [R]. Cambridge, New York: Cambridge University Press, 2007: 45 – 47.

[196] IPCC. Climate change 2001: impacts, adaptation and vulnerability [R]. Cambridge, UK New York: Cambridge University Press, 2001: 20 – 30.

[197] IPCC. Climate change 2022: impacts, adaptation and vulnerability. Contribution of working group II to the sixth assessment report of the Intergovernmental Panel on Climate Change [R]. 2022: 134.

[198] IUCN. An assessment of progress 2002: The IUCN programme [R]. 2003.

[199] IUCN. Classification and use of protected natural and cultural areas [R]. IUCN Occasional Paper No. 4, 1974.

[200] JANEAU J L, GILLARD L C, GRELLIER S, et al. Soil erosion, dissolved organic carbon and nutrient losses under different land use systems in a small catchment in northern Vietnam [J]. Agricultural Water Management, 2014, 146: 314 – 323.

[201] JENNY H. Factors of soil formation: a system of quantitative pedology [M]. Chelmsford: Courier Corporation, 1994.

[202] JEPSON P, WHITTAKER R J. Histories of protected areas: internationalisation of conservationist values and their adoption in the Netherlands Indies (Indonesia) [J]. Environment and History, 2002, 8 (2): 129 – 172.

［203］JOMAA S, BARRY D A, HENG B C P, et al. Influence of rock fragment coverage on soil erosion and hydrological response: laboratory flume experiments and modeling ［J］. Water Resources Research, 2012, 48 (5) ［2024 -04 - 03］. https: //onlinelibrary. wiley. com/doi/abs/10. 1029/2011WR011255.

［204］KADONO A, FUNAKAWA S, KOSAKI T. Factors controlling mineralization of soil organic matter in the Eurasian steppe ［J］. Soil Biology and Biochemistry, 2008, 40: 947 – 955.

［205］KELLER R H, TUREK M F. American Indians and National Parks ［M］. Tucson, Arizona: University of Arizona Press, 1999.

［206］KNAPEN A, POESEN J, GOVERS G, et al. Resistance of soils to concentrated flow erosion: a review ［J］. Earth – Science Reviews, 2007, 80 (1 – 2): 75 – 109.

［207］KRITICOS D J, YONOW T, MCFADYEN R E. The potential distribution of Chromolaena odorata (Siam weed) in relation to climate ［J］. Weed Research, 2005, 45 (4): 246 – 254.

［208］LAGERSTEDT M A. Didymosphenia geminata: an example of a biosecurity leak in New Zealand ［J］. 2007 ［2024 – 04 – 03］. http: //hdl. handle. net/10092/1457.

［209］LAURANCE W F, GOOSEM M, LAURANCE S G W. Impacts of roads and linear clearings on tropical forests ［J］. Trends in Ecology & Evolution, 2009, 24 (12): 659 – 669.

［210］LAWS J O. Recent studies in raindrops and erosion ［J］. Agricultural Engineering, 1940 (21): 431 – 433.

［211］LEARY J K, HUE N V, SINGLETON P W, et al. The major features of an infestation by the invasive weed legume gorse (Ulex europaeus) on volcanic soils in Hawaii ［J］. Biology and Fertility of Soils, 2006, 42 (3): 215 – 223.

［212］LEUNG G P C, HAU B C H, CORLETT R T. Exotic plant invasion in the highly degraded upland landscape of Hong Kong, China ［J］. Biodiversity and Conservation, 2009, 18: 191 –202.

[213] LI D, WU S, LIU L, et al. Vulnerability of the global terrestrial ecosystems to climate change [J]. Global Change Biology, 2018, 24 (9): 4095 –4106.

[214] MANGOLD J M, SHELEY R L. Controlling performance of blue-bunch wheatgrass and spotted knapweed using nitrogen and Sucrose Amendments [J]. Western North American Naturalist, 2008, 68 (2): 129 –137.

[215] MANNERING J V, WIERSMA D. The effect of rainfall energy on water infiltration into soils [J]. Proceedings of the Indiana Academy of Science, 1969, 79: 407 –412.

[216] MARSH G P. Man and nature: or, physical geography as modified by human action [M]. New York: Scribner, 1864.

[217] MCKENNA NEUMAN C, MAXWELL C D, BOULTON J W. Wind transport of sand surfaces crusted with photoautotrophic microorganisms [J]. Catena, 1996, 27: 229 –247.

[218] MCNEELY J A, MOONEY H A, NEVILLE L E, et al. Global strategy on invasive alien species [M/OL]. IUCN, 2001 [2024 –04 –03]. https://portals. iucn. org/library/node/7882.

[219] MERREY D, MEINZEN – DICK R, MOLLINGA P, et al. Water for food, water for life: comprehensive assessment of water management in agriculture [R]. London: Earthscan and Colombo, 2007: 193 –232.

[220] MEYER L D, HARMON W C. Susceptibility of agricultural soils to interrill erosion [J]. Soil Science Society of America Journal, 1984, 48 (5): 1152 –1157.

[221] MISRA R K, TEIXEIRA P C. The sensitivity of erosion and erodibility of forest soils to structure and strength [J]. Soil and Tillage Research, 2001, 59: 81 –93.

[222] MOONEY H A, CLELAND E E. The evolutionary impact of invasive species [J]. Proceedings of the National Academy of Sciences, 2001, 98

(10): 5446 – 5451.

[223] MORI N, TAKEMI T, TACHIKAWA Y, et al. Recent nationwide climate change impact assessments of natural hazards in Japan and East Asia [J]. Weather and Climate Extremes, 2021, 32: 100309.

[224] MYERS J H, SIMBERLOFF D, KURIS A M, et al. Eradication revisited: dealing with exotic species [J]. Trends in Ecology & Evolution, 2000, 15 (8): 316 – 320.

[225] NASH R. Wilderness and the American mind [M]. Yale Nota Bene, 2001.

[226] National Park Story [EB/OL]. (2024). https: //www. japan. travel/national – parks/discover/national – park – story/.

[227] National Parks Act 1980 (No. 226 of 1980). UNEP Law and Environment Assistance Platform [EB/OL]. [2024 – 03 – 10]. https: //leap. unep. org/en/countries/my/national – legislation/national – parks – act – 1980 – no – 226 – 1980.

[228] National Parks and Access to the Countryside Act: Chapter 97 [A]. 1949.

[229] OHSAWA M. Differentiation of vegetation zones and species strategies in the subalpine region of Mt. Fuji [J]. Vegetatio, 1984, 57: 15 – 52.

[230] PARKER J A, SOULELES N S, JOHNSON D S, et al. Consumer spending and the economic stimulus payments of 2008 [J]. American Economic Review, 2013, 103 (6): 2530 – 2553.

[231] Parks Canada Agency. About the Parks Canada Agency [EB/OL]. [2024 – 01 – 01]. https: //parks. canada. ca/agence – agency.

[232] Parks Canada Agency. Parks Canada Agency overview [R]. Parks Canada Agency, 2021.

[233] PAUCHARD A, ALABACK P B. Influence of elevation, land use, and landscape context on patterns of alien plant invasions along roadsides in protected areas of South – Central Chile [J]. Conservation Biology, 2004, 18

(1): 238 – 248.

[234] PETERS H A. Clidemia hirta invasion at the Pasoh Forest Reserve: an unexpected plant invasion in an undisturbed tropical forest [J]. Biotropica, 2001, 33 (1): 60 – 68.

[235] PHILLIPS A. Living parks: 100 years of national parks in Europe [M]. München: Oekom Verlag, 2009.

[236] PICKERING C M, HILL W. Impacts of recreation and tourism on plant biodiversity and vegetation in protected areas in Australia [J]. Journal of Environmental Management, 2007, 85 (4): 791 – 800.

[237] PICKERING C, MOUNT A. Do tourists disperse weed seed? A global review of unintentional human – mediated terrestrial seed dispersal on clothing, vehicles and horses [J]. Journal of Sustainable Tourism, 2010, 18 (2): 239 – 256.

[238] PIMENTEL D, MCNAIR S, JANECKA J, et al. Economic and environmental threats of alien plant, animal, and microbe invasions [J]. Agriculture, Ecosystems & Environment, 2001, 84 (1): 1 – 20.

[239] POESEN J W, TORRI D, BUNTE K. Effects of rock fragments on soil erosion by water at different spatial scales: a review [J]. CATENA, 1994, 23 (1): 141 – 166.

[240] POLSKY C, NEFF R, YARNAL B. Building comparable global change vulnerability assessments: The vulnerability scoping diagram [J]. Global Environmental Change, 2007, 17: 472 – 485.

[241] POORE D, POORE J. Protected landscapes: The United Kingdom experience [M]. Gland: IUCN, 1987.

[242] PRENDERGAST D K, ADAMS W M. Colonial wildlife conservation and the origins of the Society for the Preservation of the Wild Fauna of the Empire (1903 – 1914) [J]. Oryx, 2003, 37 (2): 251 – 260.

[243] RAICH J, SCHLESINGER W. The global carbon dioxide flux in soil respiration and its relationship to vegetation and climate [J]. Tellus B,

1992, 44: 81 – 99.

[244] REJMÁNEK M. A theory of seed plant invasiveness: the first sketch [J]. Biological Conservation – BIOL CONSERV, 1996, 78: 171 – 181.

[245] REUSSER L, BIERMAN P, ROOD D. Quantifying human impacts on rates of erosion and sediment transport at a landscape scale [J]. Geology, 2015, 43 (2): 171 – 174.

[246] REY A, CARRASCAL L, BÁEZ C, et al. Impact of climate and land degradation on soil carbon fluxes in dry semiarid grasslands in SE Spain [J]. Plant and Soil, 2021, 461: 1 – 17.

[247] RUWANZA S, SHACKLETON C M. Effects of the invasive shrub, Lantana camara, on soil properties in the Eastern Cape, South Africa [J]. Weed Biology and Management, 2016, 16 (2): 67 – 79.

[248] SARAH P, ZHEVELEV H M. Effect of visitors' pressure on soil and vegetation in several different micro – environments in urban parks in Tel Aviv [J]. Landscape and Urban Planning, 2007, 83 (4): 284 – 293.

[249] SAYER E J. Using experimental manipulation to assess the roles of leaf litter in the functioning of forest ecosystems [J]. Biological Reviews, 2006, 81 (1): 1 – 31.

[250] SCHWABE K A, CARSON R T, DESHAZO J R, et al. Creation of Malaysia's Royal Belum State Park: A case study of conservation in a developing country [J]. The Journal of Environment & Development, 2015, 24 (1): 54 – 81.

[251] SHANNON C E, WEAVER W. The mathematical theory of communication [M]. USA: University of Illinoi Press, 1949.

[252] SMYTH C E, TITUS B, TROFYMOW J A, et al. Patterns of carbon, nitrogen and phosphorus dynamics in decomposing wood blocks in Canadian forests [J]. Plant and Soil, 2016, 409 (1/2): 459 – 477.

[253] SOTI P G, JAYACHANDRAN K, KOPTUR S, et al. Effect of soil pH on growth, nutrient uptake, and mycorrhizal colonization in exotic invasive

Lygodium microphyllum [J]. Plant Ecology, 2015, 216 (7): 989 – 998.

[254] SPEZIALE K L, EZCURRA C. Patterns of alien plant invasions in northwestern Patagonia, Argentina [J]. Journal of Arid Environments, 2011, 75 (10): 890 – 897.

[255] STARK N M, JORDAN C F. Nutrient retention by the root mat of an Amazonian rain forest [J]. Ecology, 1978, 59 (3): 434 – 437.

[256] TAN D T, THU P Q, DELL B. Invasive plant species in the national parks of Vietnam [J]. Forests, 2012, 3 (4): 997 – 1016.

[257] TANG C F, TAN E C. Does tourism effectively stimulate Malaysia's economic growth? [J]. Tourism Management, 2015, 46: 158 – 163.

[258] TEO D H L, TAN H T W, CORLETT R T, et al. Continental rain forest fragments in Singapore resist invasion by exotic plants [J]. Journal of Biogeography, 2003, 30 (2): 305 – 310.

[259] TIMMERMAN P. Vulnerability, resilience and the collapse of society: a review of models and possible climatic applications [R/OL]. Toronto: Institute for Environmental Studies, University of Toronto, 1981 [2024 – 03 – 10]. https: //www. ilankelman. org/miscellany/Timmerman1981. pdf.

[260] TROMBULAK S C, FRISSELL C A. Review of ecological effects of roads on terrestrial and aquatic communities [J]. Conservation Biology, 2000, 14 (1): 18 – 30.

[261] TURNER B L, MATSON P A, MCCARTHY J J, et al. Illustrating the coupled human – environment system for vulnerability analysis: three case studies [J]. Proceedings of the National Academy of Sciences, 2003, 100 (14): 8080 – 8085.

[262] TURPIE J, HEYDENRYCH B. Economic consequences of alien infestation of the Cape Floral Kingdom's Fynbos vegetation [M] //The Economics of Biological Invasions. 2000: 23 – 32.

[263] TURVEY R. Vulnerability assessment of developing countries: the

case of small – island developing states [J]. Development Policy Review, 2007, 25 (2): 243 – 264.

[264] USDA. Soil Survey Staff 2010. Keys to soil Taxonomy 11th edition [M]. Washington, DC: USDA, 2010.

[265] VALENTIN C. Biological soil crusts: structure, function and management [J]. Geoderma, 2002, 107 (3 –4): 299 –301.

[266] VAN REEUWIJK L P. Procedures for soil analysis. Technical Paper No. 9. [M]. 6th Edition. Wageningen, Netherlands: FAO/ISRIC, 2002.

[267] VINCENT J R, YUSUF H. Malaysia [M] //Sustainable agriculture and the environment in the humid tropics. Washington: National Academy Press, 1993.

[268] VON DER LIPPE M, KOWARIK I. Long – distance dispersal of plants by vehicles as a driver of plant invasions [J]. Conservation Biology, 2007, 21 (4): 986 –996.

[269] VORA R S. Potential soil compaction forty years after logging in northeastern California [J]. Great Basin Naturalist, 1988, 48 (1): 117 –120.

[270] WANG R H, FAN Z L. Study on the evaluation of ecological frangibility of tarim river basin [J]. Arid Environmental Monitoring, 1998, 12 (4): 39 –44.

[271] WARDLE D A, NICHOLSON K S, RAHMAN A. Ecological effects of the invasive weed species Senecio jacobaea L. (ragwort) in a New Zealand pasture [J]. Agriculture, Ecosystems & Environment, 1995, 56 (1): 19 –28.

[272] WEIHE P E, NEELY R K. The effects of shading on competition between purple loosestrife and broad – leaved cattail [J]. Aquatic Botany, 1997, 59 (1): 127 –138.

[273] WESTER L L, WOOD H B. Koster's Curse (Clidemia hirta), a weed pest in Hawaiian forests [J]. Environmental Conservation, 1977, 4

(1): 35 -41.

[274] WHARTON H K. A brief history and description of the national park system [M]. United State: Office of Information, National Park Service, United State Department of the Interior, 1966.

[275] WIJITKOSUM S. Impacts of land use changes on soil erosion in Pa Deng sub – district, adjacent area of Kaeng Krachan National Park, Thailand [J]. Soil and Water Research, 2012, 7 (1): 10 –17.

[276] WISCHMEIER W H, MANNERING J V. Relation of soil properties to its erodibility [J]. Soil Science Society of America Journal, 1969, 33 (1): 131 –137.

[277] WISCHMEIER W H, SMITH D D. Prediction rainfall erosion losses from Cropland East of the Rocky Mountains [M] //A Guide for Selection of Practices for Soil and Water Conservation. Agricultural Handbook, No. 282. 1965: 47.

[278] WISCHMEIER W H, SMITH. D D. Predicting rainfall erosion losses: a guide to conservation planning. No. 537 [M]. Department of Agriculture, Science and Education Administration, 1978.

[279] WOLF I D, CROFT D B. Impacts of tourism hotspots on vegetation communities show a higher potential for self – propagation along roads than hiking trails [J]. Journal of Environmental Management, 2014, 143: 173 –185.

[280] WRI. Global biodiversity strategy: guidelines for action to save, study, and use earth's biotic wealth sustainably and equitably [J]. Choice Reviews Online, 1992, 30 (4): 30 –2071.

图书在版编目（CIP）数据

生态脆弱区国家公园旅游与自然资源协调发展研究 /
曹乐著. -- 北京：经济科学出版社，2024.6. --（现
代服务管理研究丛书）. -- ISBN 978 - 7 - 5218 - 6004 - 7

Ⅰ.①F590.31；X37

中国国家版本馆 CIP 数据核字第 20247X0X22 号

责任编辑：初少磊　尹雪晶
责任校对：徐　昕
责任印制：范　艳

生态脆弱区国家公园旅游与自然资源协调发展研究

曹　乐　著

经济科学出版社出版、发行　新华书店经销

社址：北京市海淀区阜成路甲 28 号　邮编：100142

总编部电话：010 - 88191217　发行部电话：010 - 88191522

网址：www. esp. com. cn

电子邮箱：esp@ esp. com. cn

天猫网店：经济科学出版社旗舰店

网址：http://jjkxcbs. tmall. com

北京季蜂印刷有限公司印装

710×1000　16 开　10.5 印张　154000 字

2024 年 6 月第 1 版　2024 年 6 月第 1 次印刷

ISBN 978 - 7 - 5218 - 6004 - 7　定价：45.00 元

（图书出现印装问题，本社负责调换。电话：010 - 88191545）

（版权所有　侵权必究　打击盗版　举报热线：010 - 88191661

QQ：2242791300　营销中心电话：010 - 88191537

电子邮箱：dbts@ esp. com. cn）